Stoizismus

Tag für Tag

Wie du in 30 Tagen eiserne Disziplin, innere Stärke, umfassende Selbstkenntnis und stoische Ruhe erlangst

Der 30-Tages-Praxisratgeber für angehende Stoiker

Maximilian Feldtner

Inhaltsverzeichnis

Einführung

Es gibt Philosophien, die nur für eine enge Zeitperiode geeignet sind. Demgegenüber stehen Philosophien, die heute in Zeiten von Datenhighways und Netflix immer noch so relevant sind wie vor über 2.000 Jahren. In letztere Kategorie fällt der um 300 v. Chr. von Zenon von Kition begründete Stoizismus. Vielleicht hast du bereits etwas über diese besondere Philosophie gelesen. Möglicherweise sind dir in diversen Ratgebern zu anderen Themen bereits stoische Aphorismen begegnet.

Womöglich sagen dir auch Namen wie Epiktet, Seneca, Cicero oder Marc Aurel etwas. Zumindest Letzteren könntest du als Filmfan aus dem Epos "Gladiator" mit Russel Crowe als nachdenklichen Philosophenkaiser kennen, der die Germanen besiegte. Unabhängig davon, welche Berührungspunkte du bereits mit der Stoa hattest oder ob dies ein Erstkontakt ist, steht eines fest:

Die antike Philosophie ist in unserer von Reizüberflutung chronisch gestressten Welt die Philosophie der Stunde für all jene, die ein ruhiges, gelassenes, freies, angstbefreites und glückliches Leben führen möchten. Im Gegensatz zu vielen modernen "Glückslehren" geht die Stoa in die Tiefe und fokussiert sich auf das, was du als Mensch komplett unter deiner Kontrolle hast. Und das bist einzig du selbst mit deinen Gedanken, Begierden, Meinungen und Handlungen.

Ganz gleich vor welche Hürden dich das Schicksal stellt, mit der inneren Kraft des angewandten Stoizismus lernst du, selbst schwere Schicksalsschläge zu überwinden, die Dinge, wie sie sind, zu akzeptieren und dein inneres Glück zu finden. Während andere Ratgeber auf eine breit angelegte Theoriebasis bauen, ist dieser Praxisratgeber nach einem anderen Muster gestrickt.

Schon die alten Stoiker betrachteten das Erlernen von Philosophie ohne deren Umsetzung in die Praxis als Verschwendung von Zeit und Energie. "Wenn du diese Dinge nicht lernst, um sie in der Praxis umzusetzen, warum lernst du sie dann?"[1]

---

[1] Epiktet, Diskurse I, 29.35

Auf diesem Grundsatz fußt auch dieser Ratgeber mit seinem praktischen Ansatz. Herzstück sind die 30 Tageschallenges, im Rahmen derer du jeden Tag an einer spezifischen Eigenschaft arbeitest und so Stück für Stück zur besseren Version deiner selbst heranwächst. Die Challenges beschäftigen sich jeweils mit einem spezifischen Aspekt, der den Stoikern bedeutend war.

Dazu verbindet jede Challenge gleich die Grundzüge der dahinterstehenden Theorie mit einer oder gleich mehreren praktischen Aufgaben sowie einer kurzen Zusammenfassung, warum du diese Übung durchführen solltest. Der reine Theorieanteil des Stoizismus, über den man durchaus auf Hunderten Seiten diskutieren könnte, ist jedoch bewusst auf das unbedingt Notwendige reduziert.

Schließlich stehen hier, anders als bei den meisten Ratgebern zum Thema, Praxis und Alltagstauglichkeit im Fokus. Bevor es an die erste Challenge geht, wollen wir ein kleines "Meet and Greet" mit den Stoikern auf die Beine stellen, denen du in diesem Ratgeber begegnen wirst.

Triff die klügsten Köpfe der Antike

Die Grundsätze hat sich nicht irgendwer ausgedacht, dessen Namen heute niemand mehr kennt. Vielmehr handelt es sich um das Who's Who der großen antiken Philosophen, angefangen bei Zenon von Kition über Seneca den Jüngeren bis hin zum römischen Kaiser Marc Aurel höchstpersönlich. Um diese Charaktere, ihre Hintergründe und ihre Ansichten in den folgenden Kapiteln besser nachvollziehen zu können, möchte ich dir deine geistigen Begleiter für die nächsten 30 Tage kurz vorstellen:

Zenon von Kition *(ca. 30 n. Chr. bis ca. 101 n. Chr.)*

Zenon von Kition wurde auf Zypern geboren und war Sohn eines griechischen Kaufmanns. Im Alter von 20 Jahren machte sich der spätere Begründer der Stoa nach Athen auf, um dort von berühmten Philosophen zu lernen. Dort angekommen, ging er innerhalb von 10 Jahren u. a. beim Zyniker Krates in die Lehre. Interessant für die spätere Entwicklung der Stoa ist ein Erlebnis, das Zenon auf dem Weg nach Athen ereilte. Der Legende nach sank sein Schiff im Sturm, wobei sein gesamter Besitz inkl. vieler philosophischer Schriften verlorenging.

Dieses Erlebnis findet im Stoizismus dadurch seine Repräsentation, dass das wahre Glück nicht im materiellen Besitz liegt. Der Name Stoizismus bzw. Stoa leitet sich vom Ort ab, an dem Zenon von Kition seine Lehren einst mündlich unterrichtete. Seine Lehrveranstaltungen fanden gegenüber der Akropolis in der sogenannten Stoa Poikile, einer Vorhalle, statt. Die Lehren des Zenon von Kition wurden allerdings nur mündlich überliefert. Schriftquellen existieren heute keine mehr.

Seneca *ca. 1 n. Chr. bis ca. 65 n. Chr.*

Der im spanischen Cordoba geborene Lucius Annaeus Seneca erhielt seine philosophische Ausbildung in Rom. Der Naturforscher, Dramatiker und Politiker nimmt unter den Stoikern eine besondere Rolle ein. Nicht nur deshalb, weil seine Briefe über Wut, Trauer und Leid an seinen fiktiven Freund Lucillus noch heute im Lateinunterricht gelesen werden. Gemeinhin gilt er als widersprüchlicher Charakter. Während er beispielsweise als Stoiker den materiellen Besitz geringschätzte, war er gleichzeitig einer der reichsten und einflussreichsten Männer seiner Zeit im Römischen Reich. Ganz nebenbei fungierte er ebenfalls als Erzieher für den später wahnsinnigen Kaiser Nero, der Seneca überdies in den Selbstmord trieb. Seneca wird uns in diesem Ratgeber aufgrund seiner messerscharfen Analysen und facettenreichen Ansichten an vielen Stellen begegnen.

Musonius *ca. 333 v. Chr. bis ca. 262 v. Chr.*

Der ursprünglich aus Etrurien stammende Gaius Musonius Rufus gehört zu den bedeutendsten Vertretern der späten Stoa. Zur Zeit Kaiser Neros machte sich Rufus einen großen Namen als Lehrmeister der stoischen Philosophie. Aktuell nimmt man an, dass Musonius Rufus anders als Seneca, Epiktet oder Marc Aurel selbst keine Schriften anfertigte. Seine Lehren, die sich vor allem mit der praktischen Umsetzung des Stoizismus beschäftigen, sind dementsprechend zunächst mündlich überliefert und dann aufgeschrieben worden. Unter anderem gab er praktische Handlungsanweisungen zu den Themen Sexualität und Ernährung. Zentraler Dreh- und Angelpunkt seiner Ansichten war, dass alle Menschen in sich die Anlage für ein tugendhaftes Leben tragen. Vieles über die Ansichten von Musonius Rufus, der anders als Seneca ein luxuriöses Leben ablehnte, wissen wir nur durch seinen Schüler Epiktet.

Epiktet a. 50 n. Chr. bis ca. 138 n.

Der im phrygischen Hierapolis geborene Epiktet ist ein äußerst spannender Charakter, denn er gelangte als gelehrter Sklave nach Rom. Dort kam er mit den Gedanken der Stoa in Kontakt und wurde ein Schüler von Musonius Rufus. Aus dem Schüler entwickelte sich alsbald nach seiner Freilassung und der Gründung seiner eigenen Philosophenschule einer der einflussreichsten Stoiker.

Interessant ist nicht nur, dass der Name Epiktet so viel wie "der Gekaufte" bedeutet, sondern auch, dass Epiktet höchstwahrscheinlich von Geburt an über ein verkrüppeltes Bein verfügte. Dieses Handicap in Kombination mit seinem Leben als Sklave in Rom prägte seine Ansichten über Tugenden, Ethik und Moral. Bekannt ist Epiktet insbesondere für sein Handbüchlein der Moral, das von seinen Schülern zu einem späteren Zeitpunkt zusammengetragen wurde. Hauptthemen von Epiktet sind dementsprechend wenig verwunderlich die moralische Autonomie und die innere Freiheit jedes Menschen.

Marc Aurel

Der römische Kaiser Marc Aurel darf wohl als der bedeutendste Stoiker bezeichnet werden, zumal seine Werke heute zur Weltliteratur gehören. Der Vertreter der späten Stoa wurde bereits als Jugendlicher von den Lehren Epiktets beeinflusst und befasste sich so trotz seiner Herkunft bereits mit der Einfachheit des Lebens. Das könnte auch durchaus einer der Gründe sein, warum Marc Aurel stets ein besonnener Herrscher blieb und das Reich zu einer gewissen Stabilität führte.

Nicht umsonst zählt Marc Aurel in der Nachbetrachtung zur Riege der letzten fünf "guten Kaiser". Interessanterweise verbrachte der Philosophenkaiser beinahe sein gesamtes letztes Lebensjahrzehnt an der Front, wo er seine "Selbstbetrachtungen" verfasste, aus denen du in diesem Ratgeber einiges zu hören bekommen wirst. Im Fokus stehen dabei Themen wie Wahrheit und Wirklichkeit sowie die Fähigkeit dazu, Unangenehmes zu verarbeiten. Speziell Letzteres dürfte sich auf seine Erfahrungen der langen Zeit im Feldlager stützen.

Marathon statt Sprint –
oder: Wie du dieses Buch nutzen solltest

Der Kern des Stoizismus ist die Entwicklung deines Charakters. Tag für Tag arbeitest du daran, dich persönlich zu verbessern und zu einer besseren Version deiner selbst zu werden. Dieser Grundsatz spiegelt sich im Aufbau und der Benutzung dieses Ratgebers wider. Allem voran liegt der Fokus auf der Praxistauglichkeit und nicht darauf, die Konzepte und Mechanismen des Stoizismus in philosophischer Breite zu diskutieren.

Auch auf die überbordende Verwendung von Fachtermini verzichte ich zugunsten des möglichst barrierefreien Einstiegs. Zu den theoretischen Grundlagen sind bereits einige hervorragende Bücher auf dem Markt erschienen. Entsprechend der Ausrichtung auf die Praxis erwarten dich 30 Kapitel – in diesem Ratgeber Challenges genannt. Jede dieser Challenges beschäftigt sich mit einem oder gleich mehreren Kernelementen des Stoizismus.
Der Vorteil gegenüber anderen Büchern ist, dass du hier den für das Verständnis notwendigen Theoriegehalt gleich im Anwendungskontext mitgeliefert bekommst. Parallel zu den Tageschallenges kannst du dich dank den Anknüpfungspunkten an die stoische Theorie tiefergehend mit den Hintergründen beschäftigen. Verstehe die folgenden 30 Challenge-Kapitel als eine Art Reise, im Rahmen derer du Tag für Tag dein stoisches Handwerkszeug erweiterst.

Angefangen von grundlegenden Übungen wie der Erkenntnis über die Dichotomie bzw. Trichotomie der Kontrolle werden die Themen gegen Ende hin komplexer und verwobener, sodass du im Alltag jederzeit die passenden Übungen und Konzepte parat hast. Stell es dir vor wie deine Schulzeit. Zunächst lernst du mithilfe von eng gesteckten Leitplanken die Grundlagen. Dann werden die Leitplanken weiter, bis du schließlich gegen Ende auf eigenen Beinen in die Welt entlassen wirst, um auf eigenen Beinen an deiner Lebensphilosophie zu arbeiten.

Entsprechend diesem Praxisansatz verzichte ich in diesem Ratgeber auf die strikte Trennung zwischen verschiedenen Aspekten wie der Selbstkontrolle, den Begierden und dem Handeln. Ich bin der Auffassung, dass die abwechselnde Beschäftigung mit diesen Teilbereichen des praktizierten Stoizismus für den täglichen Lernerfolg wesentlich fruchtbarer ist. Allein aus diesem Aufbau heraus ergibt sich, dass deine Entwicklung zum modernen Stoiker kein Sprint ist. Es ist ein Marathon, der viel Training und Durchhaltevermögen verlangt. Die meisten Übungen sind für das regelmäßige Ausüben konzipiert.

Du kannst sie also in eine wöchentliche oder tägliche Routine übernehmen, um die Inhalte regelmäßig in der Praxis zu wiederholen und zu festigen. Gleichzeitig sind nahezu alle Übungen mit einem Selbstreflexionsmechanismus ausgestattet. Das bedeutet, je häufiger du diese Übungen ausführst, desto eher bekommst du einen Eindruck davon, wie weit du es auf deinem Weg zu einem glücklicheren Leben schon gebracht hast. Wie lang der Marathon letztendlich auch sein mag, alles beginnt mit einem ersten Schritt.

Challenge 1

Entdecke, was wirklich in deiner Macht steht und was nicht

"Manches steht in unserer Macht, manches nicht. In unserer Macht steht das Denken, das Handeln, das Verlangen, das Meiden - dies sind also alle Dinge in uns. Nicht in unserer Macht gegeben sind Körper, Besitz, Ansehen und Würden - also alle außer uns. Was nun in unserer Hand liegt, ist seiner Natur nach frei, es kann von niemandem behindert oder gehemmt werden, was aber nicht in unserer Hand liegt, ist schwankend, gefährdet und fremder Gewalt unterworfen."

Epiktet, Handbüchlein der Moral, 1

Mit diesen Worten beginnt Epiktet sein Werk Encheiridion. Kein Wunder, spiegelt dieser Gedanke doch den Grundstein der stoischen Philosophie wider. Vielleicht denkst du, dass es einfach ist, die Kontrolle über dein Leben zu haben, wenn alles wie am Schnürchen läuft. Aber was passiert, wenn es einmal nicht so ist und dir Widerstände oder unliebsame Dinge begegnen? Welchen Einfluss hat das auf deine Psyche, dein Handeln und deine Wahrnehmung?

Diese Frage kannst du dir schnell selbst beantworten – dazu musst du nur einmal die Nachrichten einschalten. Deine Psyche beginnt von allein damit, "Was-wäre-wenn"-Szenarios zu bauen, die dich mental belasten. Die Basis für einen starken stoischen Geist ist jedoch genau das Gegenteil. Um die folgende Übung in die Praxis umzusetzen, müssen wir aber zunächst beleuchten, was Epiktet meint.

Der weise Grieche teilt die Welt grob in zwei Bereiche ein: Die Dinge, die unter unserer vollständigen Kontrolle stehen und die Dinge, die überhaupt nicht unter unserer Kontrolle stehen. Hinter dieser Einteilung steht der Gedanke, dass wir unsere mentale Kraft vollständig auf die Dinge fokussieren, die wir zu 100 Prozent selbst in der Hand haben. Alles andere sollten wir mit Gleichgültigkeit behandeln.

Dabei geht es nicht darum, solche Dinge komplett zu verdrängen. Viel wichtiger ist das Verständnis, mit solchen Dingen umzugehen. Kurz gesagt: Mache das Beste aus dem, was in deiner Macht steht, und nimm alles andere so, wie es ist. Beides funktioniert nur durch ständige Übung und Wiederholung. Was aber genau ist nach Epiktet unter unserer vollständigen Kontrolle und was nicht?

Was nach Epiktet vollständig unter unsere Kontrolle steht:

Gedanken
(inkl. Werturteilen über Dinge oder Personen)

Impulse
(in bestimmter Weise zu handeln)

Wünsche & Verlangen
(auch Ziele)

Der Wille, Dinge zu tun oder zu meiden

Vollständige Kontrolle meint hier nicht, dass andere Faktoren wie Meinungen anderer Menschen keinen Einfluss auf diese "internen" Dinge haben können. Du hast allerdings die Macht, diese externen Faktoren komplett zu ignorieren wie etwa das Verlangen nach einem Stück Kuchen, auch wenn deine Großmutter einmal wieder sagt, dass du fast vom Fleisch fällst. Anders sieht es nach Epiktet bei Dingen aus, die nicht zu 100 Prozent in deiner Macht stehen.

Was nach Epiktet nicht vollständig unter unserer Kontrolle steht:

Unser Körper	Ansehen & Reputation
Besitz	Externe Umwelteinflüsse (z. B. das Wetter)

Du siehst schon, dass die Anzahl der Dinge, die du nicht zu 100 Prozent selbst kontrollieren kannst, deutlich größer ist. Auch Epiktet wusste bereits, dass wir über viele Dinge zumindest eine partielle Kontrolle haben. Darunter unter anderem die Gesundheit unseres Körpers, die Auswirkungen unserer Handlungen auf das Verhalten anderer Personen oder auch das Ergebnis einer Wahl.

Allerdings sind hier andere Faktoren mit hoher Gewichtung im Spiel. Sowohl andere Menschen als auch Kollege Zufall. Schließlich schützen dich auch eine gesunde Ernährung, wenig Stress, ein gesundes Sportprogramm und medizinische Vorsorgeuntersuchungen nicht vollständig vor Krankheiten.

Zu den zu 100 Prozent nicht beeinflussbaren Dingen dagegen gehören Wetterphänomene. An späterer Stelle wollen wir uns auch noch mit der Differenzierung von "beeinflussbaren", "partiell beeinflussbaren" und "nicht-beeinflussbaren" Dingen im Rahmen der Dichotomie der Kontrolle befassen. Für diese Übung reicht zunächst die grobe Einteilung nach Epiktet in "interne" und "externe" Faktoren aus.

Übung: Vollständige und unvollständige Kontrolle

In dieser ersten Tageschallenge geht es darum, die Dichotomie der Kontrolle praktisch zu entdecken. Das Vorgehen ist einfach: Setz dich für ein paar Minuten hin und picke dir ein Erlebnis aus deinem Tag heraus und schreibe ein paar Sätze darüber. Es kann eine Besprechung mit deinem Chef sein, ein Besuch bei Verwandten oder ein kurzer Abriss über deine Joggingrunde mit einem Freund im Park. Wichtig ist nur, dass das Erlebnis emotional nicht zu aufwühlend war.

Das macht die Übung umso schwieriger. Hast du ein paar Sätze zu deinem Erlebnis geschrieben, fertigst du eine Tabelle mit zwei Spalten an. Eine Spalte, in der alle Dinge Platz finden, über die du während der betreffenden Situation die vollständige Kontrolle hattest. In der anderen Spalte wiederum finden die Dinge Platz, die du nicht vollständig unter deiner Kontrolle hattest. Um die Unterscheidung einfacher zu machen, kannst du dich am folgenden Merksatz orientieren:

"Was wir vollständig kontrollieren können, passiert in unserem Kopf. Was wir nicht vollständig kontrollieren können, läuft außerhalb unseres Kopfes ab."

Wichtig: Es geht bei dieser Übung nicht darum, Epiktet zu 100 Prozent zuzustimmen. Vielleicht wirst du feststellen, dass er an einigen Stellen Recht hatte und an anderen wiederum nicht. Genau das ist der Geist der Stoa.

Beispiel:

"Heute habe ich mich um 13 Uhr nach dem Mittagessen mit meinem Vorgesetzten getroffen, um mit ihm die Ergebniszahlen des aktuellen Projekts meiner Abteilung zu besprechen. Da die Soll-Ziele noch nicht erreicht waren, war ich etwas nervös. Während des Treffens im Meeting-Raum haben wir besprochen, welche Schritte notwendig sind, um die Soll-Ziele bis zum Stichtag zu erreichen. Viele Vorschläge waren sehr nützlich für mich – ich werde sie mit meinem Team umsetzen."

Vollständige Kontrolle

- » Der Wunsch, pünktlich zu erscheinen.
- » Der Wunsch, die Soll-Ziele des Projekts zu erreichen.
- » Gefühlte Nervosität durch nervöse Gedanken.
- » Wertschätzung für meinen Vorgesetzten.
- » Der Wunsch, wertvolle Tipps und Hilfestellung von meinem Vorgesetzten zu bekommen.

Unvollständige Kontrolle

Ich hätte mich verspäten können, wenn ich auf dem Weg aus der Innenstadt zurück zum Büro im Stau gestanden hätte.

Welche Meinung mein Chef über mich persönlich und meine Arbeit am Projekt hat.

- » Die Soll-Ziele bis zur Deadline zu erreichen.

» Das Projekt ist auch von Kunden und meinen Kollegen abhängig.

» Sind die Ratschläge und Maßnahmen, die mein Chef mir vorschlägt, wirklich hilfreich?

» Unbewusste Nervosität.

Hinweis:

Führe die Übung am besten spät abends durch, bevor du ins Bett gehst. Mach sie zum Ritual und lege eine Zeit fest, zu der du die Übung regelmäßig wiederholst. Wie wäre es mit "jeden Abend um 22:30 Uhr nach dem Zähneputzen"?

Warum du diese Übung durchführen solltest

Mithilfe dieser Challenge lernst du, einen genaueren Blick auf die Ereignisse in deinem Leben zu werfen. Du lernst dabei Schritt für Schritt, welche Dinge wirklich ausschließlich in deiner Hand liegen und welche nicht. Diese Basisübung gibt dir nicht nur das Handwerkszeug mit, das du für weitere Übungen zur Vertiefung der Stoa benötigst.

Sie richtet deinen Blick auf deine Wünsche und Abneigungen, die du fokussieren solltest, um zu höherer Zufriedenheit und mentalem Frieden zu finden. Während viele Menschen einfach sagen: "Ignoriere doch einfach, was X über dich denken könnte", kannst du es tatsächlich, denn du weißt: "Ich habe es ohnehin nicht unter Kontrolle."

In seinem Buch "Der tägliche Stoiker" kommentiert der bekannte US-Entrepreneur Ryan Holiday das Erlernen der Fähigkeit, die du mit dieser Übung trainierst, wie folgt: "Wenn wir uns vergegenwärtigen, welche Teile des Tages wir beeinflussen können und welche nicht, werden wir nicht nur glücklicher sein, sondern einen entscheidenden Vorteil gegenüber anderen Menschen haben, die nicht einsehen wollen, dass sie einen Kampf führen, den sie nicht gewinnen können."[2]

Denke daran:

Ein stoisches Mindset aufzubauen ist kein Sprint, sondern ein Marathon. Wiederhole dein Ritual am besten täglich, um vielfältige Erkenntnisse zu sammeln und deine Wahrnehmung zu festigen. Nach jeder Woche nimmst du dir abermals 10 Minuten Zeit und schreibst auf, ob diese Übung für dich hilfreich war, welche Eindrücke du gesammelt hast und was du Neues über die Welt und dich erfahren hast. Diese kurze Rückschau möchte ich dir im Übrigen für alle Challenges ans Herz legen.

---

[2] Holiday, Ryan; Hanselman, Stephen (2019): Der tägliche Stoiker – 366 nachdenkliche Betrachtungen über Weisheit, Beharrlichkeit und Lebensstil, 5. Aufl., München: FinanzBuch Verlag, S. 17

Challenge 2

Nimm die
Astronauten-Perspektive ein

"Wie schön Plato es ausgedrückt hat. Wann immer du über Menschen reden willst, ist es am besten, aus der Vogelperspektive alles zu sehen – Versammlungen, Armeen, Bauernhöfe, Hochzeiten und Scheidungen, Geburten und Todesfälle, laute Gerichtssäle oder stille Räume, jedes fremde Volk, Denkmäler, Märkte - alles vermischt und in Gegensätzen arrangiert."

Marc Aurel

Nachdem wir uns gestern auf der *Mikroebene* bewegt haben, malen wir heute das sinnbildliche Big Picture. Dazu bedienen wir uns der Weisheit des römischen Kaisers Marc Aurel.

Geht es nach den Stoikern, sind negative Emotionen ungesund, denn sie engen deinen Blickwinkel ein. Mit einem solch engen Blickwinkel erscheinen die meisten Probleme in unserem Kopf deutlich größer, als sie wirklich sind.

Gerade in unserer komplexen Welt mit all ihren Verflechtungen, sozialen Strukturen und individuellen Befindlichkeiten musst du herauszoomen, um den ungesunden Fokus zu verlassen und Probleme möglichst objektiv einzuordnen. Der Philosophenkaiser Marc Aurel ist ein guter Ratgeber, denn als Kaiser einer Weltmacht musste er die Vogelperspektive einnehmen.

Immerhin hatte er es während seiner Regentschaft nicht nur auf der privaten Ebene mit dem persönlichen Verrat eines seiner Vertrauten zu tun. Eine Zoom-Stufe weiter machten ihm an zwei Grenzen des Reiches zur gleichen Zeit die ausgewachsenen Grenzkriege mit den Markomannen und den Parthern zu schaffen. Ein Problem, das in seinen Auswirkungen definitiv bedeutender war als die persönliche Fehde. Damit aber noch nicht genug. Zeitgleich wütete im Rahmen seiner Herrschaft auch die große Pest mit über 5 Millionen Toten.

Kein Wunder, dass Marc Aurel gerne auf die Praktiken seiner griechischen Brüder im Geiste zurückgriff und die Vogelperspektive einnahm. Beachte aber, dass das Schweben über den Dingen deine Probleme nicht auf magische Weise löst. Die Ausdehnung von Zeit und Raum hilft dir allerdings dabei, mehrere Perspektiven einzunehmen, über die gegebenen Probleme auf andere Weise nachzudenken und daraus hoffentlich hilfreiche Lösungsansätze abzuleiten.

Übung: Heb ab!

Die heutige Challenge stammt in ihren Grundzügen von Marc Aurel höchstselbst. Bereits vor fast 2.000 Jahren pflegte der Stoiker die Größe von Problemen und Konflikten mit dem Maßstab des Universums zu vergleichen. Auch wenn der Philosoph sich niemals hätte träumen lassen, dass Menschen diese Perspektive jemals in der Realität würden einnehmen können, ist der Vergleich hervorragend geeignet. Für die folgende Übung kannst du zwischen zwei Varianten wählen und dich für diejenige entscheiden, die für dich am besten funktioniert.

1. Visualisiere die Weite des Raumes

Vergegenwärtige deinen aktuellen Standpunkt und schließe deine Augen. Stelle dir nun vor, dass du wie in einem Aufzug langsam nach oben gezogen wirst. Du siehst erst dich von oben, dann dein Haus, deine Nachbarschaft, deine Stadt, dein Heimatland, Europa und schließlich den Planeten Erde als Ganzes.

Wenn du möchtest, kannst du deine Reise von hier aus auch weiter fortsetzen und bis zur Grenze des Sonnensystems oder gar der Milchstraße herauszoomen. Schon einige Zoomstufen oberhalb deiner Person erscheint die Angst vor einer Prüfung oder ein Streit mit einem Nachbarn im Gesamtkontext deines Lebens vergleichsweise bedeutungslos. Gleichzeitig erkennst du in der kosmischen Perspektive die wechselseitige Abhängigkeit mit der gesamten Menschheit.

Wie es der Astronaut Edgar Mitchell einst ausdrückte: "Im Weltraum entwickeln Sie ein sofortiges globales Bewusstsein, eine Menschenorientierung, eine intensive Unzufriedenheit mit dem Zustand der Welt und einen Zwang, etwas dagegen zu unternehmen."

Tipp:

Besonders wirkungsvoll ist die Visualisierung des Raumes, wenn du sie in einer klaren Nacht im Freien bei einem ungestörten Blick in die Sterne durchführst.

2. Relativiere die Größe deiner eigenen Probleme

Wenn du eher der Denker als der visuelle Typ bist, ist diese Variante eine praktikable Alternative. Denke über konkrete Dinge nach, die dich stören, ärgern oder akut beschäftigen. Jetzt vergleiche genau diese Situation mit den Problemen, mit denen andere Menschen aktuell oder in der Vergangenheit konfrontiert sind bzw. waren. Ob nun Krach mit dem Nachbarn, eine Krebserkrankung oder jahrzehntelanger Krieg. Durch das Einordnen in diesen skalenhaften Kontext relativiert sich die Bedeutung des Problems und damit auch dessen negativer Einfluss auf deinen Geist.

So nimmst du im Alltag die Astronauten-Perspektive ein

Der ideale Zeitpunkt für die Übung ist der Abend. Das gilt nicht nur wegen der Option, einen Blick in die Sterne zu werfen. Vielmehr geht es darum, dass die Challenge dir eine Möglichkeit zum Tagesabschluss bietet. Und damit eine Möglichkeit, aufgelaufene Probleme und Empfindungen durch die Astronauten-Perspektive in ein möglichst objektives Licht zu rücken und den Geist vor dem Übergang zur Nacht zu befrieden.

Aber auch in akuten Situationen kann dir der Blick von oben helfen. Wann immer dich am Tag etwas verärgert, solltest du dir ein paar Minuten Zeit für den folgenden Virtualisierungs-Zyklus nehmen. Selbstredend nur dann, wenn es die Situation zulässt. Mitten in einem Streitgespräch, im Schulunterricht oder auf der Autobahn kurz geistig abzuschalten, ist weder eine gute Idee noch im Sinne der Stoa. Ready for take off?

1. Suche dir einen ruhigen Ort und schaffe dort nach Möglichkeit eine stille Atmosphäre. Ob du dich rücklings auf dein Bett legst, es dir bei Vogelgezwitscher im Garten gemütlich machst, nachts auf dem Balkon stehst oder den Wald aufsuchst – das entscheidest du!

2. Stell dir auf deinem Smartphone einen Timer für 10 Minuten und schließe deine Augen.

3. Vergegenwärtige dir nun ein ärgerliches Ereignis, das dir zuvor am Tag passiert ist. Alternativ kann es sich auch um einen Sachverhalt handeln, der dich schon lange beschäftigt.

4. Gehe einen Moment in dich und bewerte auf einer Skala von 1 bis 10, wie sehr dich das Ereignis, an das du gerade denkst, belastet. Merke dir deine Bewertung.

5. Wende die von dir bevorzugte Methode zur Einnahme der Astronauten-Perspektive an. Durchdenke alles, bis der Timer abgelaufen ist.

6. Bewerte die mentale Belastung nun erneut und vergleiche beide Ergebnisse.

Tipp:

In den folgenden Kapiteln wirst du noch häufiger die Erfahrung machen, wie wichtig das Aufschreiben zur Visualisierung deiner Fortschritte auf dem Weg zum Stoiker ist. Notiere dir daher nach jedem Durchgang Folgendes:

» Das Problem bzw. die Situation in einigen Sätzen.

» Den Ausgangswert auf der mentalen Belastungsskala.

» Die gewählte Visualisierungsmethode.

» Einige Sätze zu deinen Gedankengängen und Gefühlen während der Visualisierung.

» Den Wert auf der mentalen Belastungsskala nach der Visualisierung.

Mit jedem Tag, an dem du diese Challenge wiederholst, wachsen deine Notizen zu einem Tagebuch heran, das dir in schwierigen Situationen eine Stütze sein kann.

Warum du diese Übung durchführen solltest

Diese Übung hilft dir dabei, dich aus der Verkopfung zu befreien und eine andere Perspektive zu deinen Problemen einzunehmen. Dieser Blick ist noch weiter als der einer anderen Person. Das ist zugleich auch der große Vorteil, denn auch der Blick anderer Personen und selbst Personengruppen ist für ein klares Urteil zu subjektiv.

Erst die Astronauten-Perspektive lässt deine Situation in einem möglichst objektiven Licht erscheinen, indem sie deine Probleme in eine geordnete Relation setzt. Diese Technik ist ein hilfreiches Werkzeug, um Gefühle wie Wut und Zukunftsangst in den Griff zu bekommen.

Schließlich sind es nach der Stoa genau solche Gefühle, die den Geist und die Wahrnehmung extrem einengen und dabei alles andere überstrahlen – auch die vielen positiven Dinge. Mit der regelmäßigen Visualisierung der Astronauten-Perspektive erweiterst du Stück für Stück dein Blickfeld.

Challenge 3

Lerne, Nein zu sagen

"Wie viele haben dein Leben vergeudet, ohne dass du dir bewusst warst, wie viel du verlierst. Wie viel hast du auf sinnlosen
Kummer, haltlose Freude, gieriges Ver-langen oder gesellschaftliche Vergnü-gungen verschwendet - wie wenig von dir selbst
ist dabei übrig geblieben. Du wirst er-kennen, dass du vor deiner Zeit stirbst!
[...]
All jene, die dich zu sich rufen, zerren dich von dir selbst weg."

Seneca, Über die Kürze des Lebens, 3.3b

Hand aufs Herz. Wie oft wirst du von einem Arbeitskollegen, einem Freund, einem Familienmitglied, deinem Chef oder einem Kunden um einen kleinen Gefallen gebeten? Gehörst du auch zu den Menschen, die gerne bereitwillig "Ja" sagen? Dann hör bitte für einen Moment auf zu lesen und denke kurz darüber nach, wie oft du deine spontane Zustimmung zu einem kleinen Gefallen bereits im Nachhinein bereut hast.

Innerhalb weniger Augenblicke dürften dir einige Fälle einfallen, in denen das so war. Vielleicht hat es sich ja so zugetragen: Ein Mensch, der dir sympathisch ist, bittet dich darum, ihm einen kleinen Gefallen zu tun. Alternativ kannst du dir auch einen Kunden vorstellen, der dich fragt, ob du einen Auftrag übernehmen kannst.

Das Problem an der Sache: Der Gefallen bzw. der Kundenauftrag ist nicht von großer Bedeutung für dich. Dennoch stimmst du der Anfrage innerhalb kürzester Zeit zu. Und warum? Nicht weil dir diese Angelegenheit so viel bedeutet, sondern weil du deinem Gegenüber gefallen möchtest. In seinem Buch "Die Kunst des guten Lebens" nennt Rolf Dobelli, der selbst ein moderner Anhänger des Stoizismus ist, dieses Problem "disease to please" – die "Seuche, gefallen zu wollen".[3]

In unserer modernen Welt ist das permanente und unüberlegte "Ja-sagen" zu Einladungen, Bitten und vornehmlichen

---

[3] Dobelli, Rolf (2017): Die Kunst des guten Lebens – 52 überraschende Wege zum Glück, München: Piper-Verlag, S. 69 ff.

Verpflichtungen tatsächlich so etwas wie eine Seuche. Sie bringt deinen Geist aus dem Gleichgewicht, triggert negative Gefühle und führt dazu, dass wir im Alltag unter Dauerspannung stehen. Dabei verlieren wir den Kontakt zu uns selbst und so auch die Fähigkeit, klar zu denken und wirklich glücklich zu sein. Wenn auch du häufiger zu den "Ja-Sagern" gehörst, dann wirst du wissen, wie sich solche Situationen üblicherweise entwickeln:

» Im Hinterkopf verspürst du eine chronische Unlust, diese freiwillige Verpflichtung zu erledigen.

» Du bist unproduktiv, weil du diese Tätigkeit immer wieder unterbrichst.

» Häufig neigst du dazu, die Bitte aufzuschieben. Da dir der Gefallen immer noch im Hinterkopf präsent ist, belastet er dich mental.

» Du fühlst dich mit der Zeit immer gestresster und angespannter.

» Zunehmend kollidieren die "Ja-Sager-Gefallen" mit den Dingen, die dir persönlich wirklich wichtig sind, sodass diese auf der Strecke bleiben.

» Hast du die Aufgabe dann doch erledigt, hat dies viel mehr Zeit als geplant in Anspruch genommen, da du dich innerlich dagegen gesträubt hast.

Wenn du dich in dieser Situation wiedererkennst, wird die heutige Challenge vielleicht dein Leben verändern. Schon die alten Stoiker wussten, dass "Nein" sagen zu den schwierigsten Dingen im Leben zählt. Die Reziprozität, die auch als Tit-for-Tat-Mentalität (wie du mir, so ich dir) bekannt ist, ist immerhin tief im Genom von Menschenaffen und vor allem bei uns Menschen verankert. Was evolutionär enorme Vorteile gebracht hat, kann auch zur Gefahr werden. Besonders dann, wenn das "Ja" schon zu einem spontanen Reflex geworden ist.

Die Kunst des "Nein-sagens" ist eine der schärfsten Waffen des Stoizismus. Die alten Stoiker bezogen das "Nein" aber nicht nur auf die Interaktion mit Menschen direkt. Mindestens ebenso wichtig, aber weitaus schwerer umzusetzen, ist das "Nein" zu Gefühlen wie Begierde, Wut, Begeisterung oder Besessenheit, die dir viel von deiner Zeit rauben. Ein erster Schritt zu einem ruhigeren Geist und weniger gefühlter Eingespanntheit im Leben ist die folgende Übung:

Übung: Bist du ein „Ja-Sager"

Um die stoische Kontrolle über dein Leben und deine Gefühlswelt zurückzugewinnen, ist es wichtig, dass du das "Nein-sagen" lernst. Im ersten Schritt dieser Übung geht es darum, dass du dir bewusst wirst, wie häufig du eigentlich spontan "Ja" sagst, obwohl die Dinge nicht von großer Bedeutung für dich sind oder sogar negative Folgen für dich haben.

1. Nimm ein Blatt Papier und einen Stift zur Hand. Gehe tief in dich und erinnere dich an die letzten zwei Wochen.

2. Notiere zunächst alle Dinge, die dir einfallen, zu denen du in diesem Zeitrahmen spontan "Ja" gesagt hast.

3. Jetzt ordnest du allen Situationen zu, wie wichtig dir diese Dinge persönlich waren. Nutze dazu eine Skala von 1 (gar nicht bedeutend) bis 10 (sehr bedeutend).

4. Gehe nun alle Situationen durch und erinnere dich daran, wie du dich in diesem Zusammenhang gefühlt hast.

5. Schreibe ein paar Sätze zu den jeweiligen Umständen.

6. Bewerte deine Emotionen im Zusammenhang mit der konkreten Situation nun ebenfalls auf einer Skala von 1 (sehr negativ) bis 10 (sehr positiv).

7. Schaue dir deine Aufstellung an und vergleiche das Verhältnis zwischen der tatsächlichen Bedeutung eines Gefallens für dich und der emotionalen Wahrnehmung.

In den meisten Fällen ist das Ergebnis leider eindeutig. Zu häufiges "Ja-sagen" zu Dingen, die nicht von großer Bedeutung für dich sind, in Kombination mit negativen Gefühlen. Hast du das Problem mit dieser Übung erst einmal erkannt, bist du bereit für den zweiten Schritt.

Übung: „Nein" zu sagen, ist gar nicht so schwer

In dieser Übung lernst du, nicht immer gleich spontan "Ja" zu sagen und dir damit frei nach Seneca, ohne groß nachzudenken, viel sinnlosen Kummer aufzuladen. Wie Rolf Dobelli in "Die Kunst des guten Lebens" beschreibt, baut der legendäre Investor Charlie Munger auf eine einfache Regel – das sogenannte "5-Sekunden-Nein". Auch wenn wir nicht wissen, ob Seneca selbst so rigoros vorging, könnte diese Faustregel für ein gutes Leben doch aus seiner Feder stammen.

Die Umsetzung des "5-Sekunden-Neins" ist ganz einfach und in jeder alltäglichen Situation anwendbar. Wirst du um einen Gefallen gebeten oder erhältst du eine Einladung, solltest du weder wie aus der Pistole geschossen mit "ja" antworten noch zu viel Zeit verstreichen lassen.

Wer seine Entscheidung zu lange durchdenkt, gerät leicht auf die emotionale Schiene. Halte daher bei jeder Bitte genau fünf Sekunden inne und entscheide dann. Hat dich ein Ansinnen innerhalb der ersten fünf Sekunden nicht restlos überzeugt und ist es nicht bedeutungsstark genug für dich, heißt die Antwort "Nein".

Das gilt auch für Einladungen zu Veranstaltungen, die für dich nicht von großer Bedeutung sind. Bedenke: Wie oft warst du schon aus Pflichtgefühl freiwillig Teil einer Veranstaltung, im Rahmen derer du dich nicht wohl gefühlt hast oder die dir durch negative Emotionen im Gedächtnis geblieben ist?

Warum du diese Übung durchführen solltest

Worte wie "Nein", "Nein, ich habe gerade keine Zeit", "Nein, damit möchte ich nichts zu tun haben" oder "Nein danke, ich muss ablehnen", kommen uns nicht einfach über die Lippen. Ja, es kann sein, dass du damit Menschen vor den Kopf stößt. Aber das Ziel eines guten Lebens ist es nicht, allen Menschen zu gefallen.

In seinem Buch "Der tägliche Stoiker" fasst Ryan Holiday diesen Aspekt sehr treffend zusammen: "Es mag dir mühsam erscheinen. Aber je häufiger du "Nein" zu Dingen sagst, die nicht von großer Bedeutung für dich sind, desto häufiger kannst du "Ja" zu den Dingen sagen, die dir wichtig sind. Nur so kannst du aufblühen und dein Leben genießen - das Leben, das du willst."[4]

Durch die Praxis des "Nein-sagens" gewannen die Stoiker ebenfalls die Erkenntnis, dass die an den Tag gelegte Konsequenz unter den Bittstellern zu insgeheimer Bewunderung und höherer Wertschätzung führt.

---

[4] Holiday, Ryan; Hanselman, Stephen (2019): Der tägliche Stoiker – 366 nachdenkliche Betrachtungen über Weisheit, Beharrlichkeit und Lebensstil, 5. Auf., München: FinanzBuch Verlag, S. 19

Challenge 4

Betrachte deine Probleme
Von außen

"Wir können uns mit dem Willen der Natur vertraut machen, indem wir uns an unsere gemeinsamen Erfahrungen erinnern. Wenn ein Freund ein Glas fallen lässt und es zerbricht, sagen wir schnell "Oh, was für ein Pech!" Es ist aber nur so vernünftig, dass man, wenn man selbst ein Glas zerbricht, es mit der gleichen geduldigen Gelassenheit akzeptiert. [...] Wir sollten uns besser daran erinnern, wie wir reagieren, wenn ein ähnlicher Verlust andere triff."

Epiktet, Handbüchlein der Moral, 1.26

Mit dieser Passage bringt Epiktet vor rund 2.000 Jahren auf den Punkt, was heute viele von uns betrifft. Vielleicht gehörst auch du zu den Menschen, die sich dazu berufen fühlen, anderen Menschen, denen etwas widerfährt, durch aufmunternde Worte Halt zu geben. Wer wirklich gut darin ist, scheitert selten und hilft anderen dabei, ihr Problem aus einem anderen Blickwinkel zu sehen. Eigentlich ein Paradebeispiel für erfolgreich angewendeten Stoizismus.

Leider trügt dieser Schein häufig. Gerät unser Leben selbst aus den Fugen oder erleben wir eine negative Situation, fällt es uns selbst schwer, genau diese Außenperspektive einzunehmen. Statt die Situation mit stoischer Ruhe zu betrachten und mental einen Schritt zurückzutreten, befinden wir uns selbst in einem irrationalen Gefühlsgefängnis. Epiktet erinnert uns daran, dass wir einen Schritt zurücktreten müssen, um unsere Emotionen zu kontrollieren.

Wohlgemerkt, Emotionen zu kontrollieren und nicht zu unterdrücken. Diese Unterscheidung war für die Stoiker besonders wichtig, da uns die Unfähigkeit, Emotionen zu akzeptieren, der Menschlichkeit beraubt. Die heutige Challenge soll dir dabei helfen, dass du auch bei deinen eigenen Problemen die Außenperspektive einnehmen und mit mehr Gelassenheit reagieren kannst.

Warum sollten wir das, was bei anderen Menschen funktioniert, nicht auch für uns persönlich umsetzen können? Schließlich können auch uns schlimme Dinge passieren. Wir selbst sollten uns dessen bewusst sein, dass wir nichts Besonderes sind und das Universum es auch nicht speziell auf uns abgesehen hat.

Schau dich nur einmal in deinem engeren Bekanntenkreis um. Auch Freundinnen und Freunde trennen sich von ihren Partnern, haben Unfälle, bekommen eine Krankheit oder verlieren irgendwann ihre Eltern. Schon die alten Stoiker wussten: Dinge passieren einfach – sei es nun aus Zufall oder aus den ewigen Gesetzmäßigkeiten der Natur. Verinnerliche diese Denkweise und sie wird dir helfen.

In ihrem Buch "Live Like A Stoic" beschreiben die Autoren Massimo Pigliucci und Gregory Lopez diesen Prozess als "gelassenen Respekt vor den Dingen entwickeln, die wir nicht vollständig unter unserer Kontrolle haben."[5] Wir sollten stattdessen dankbar dafür sein, wenn die Dinge so laufen, wie wir es uns wünschen. Durch die Fähigkeit, die Außenperspektive einzunehmen, finden wir schließlich den Mut, auch unsere eigenen Probleme auf dem bestmöglichen Weg zu lösen.

Übung: Perspektivwechsel bitte

In Anlehnung an Lopez und Pigliucci handelt es sich bei der heutigen Challenge wieder um eine kleine Schreibaufgabe. Bitte nutze nach Möglichkeit Zettel und Stift, denn die hand-

---

[5] Pigliucci, Massimo; Lopez, Gregory (2019): Live Like A Stoic – 52 Exercises for Cultivating a Good Life, Ebury Publishing

schriftliche Verarbeitung hat gegenüber der digitalen Gedankenerfassung handfeste Vorteile. Immerhin sind nicht weniger als 12 Hirnareale an der Aktivität beteiligt.[6]

Zudem fördert das handschriftliche Anfertigen von Notizen eine intensivere Auseinandersetzung mit den Inhalten ebenso wie eine tiefere Informationsverarbeitung im Gehirn, was das Gelernte deutlich vertrauter macht.[7] Bei einem so tiefgreifenden Vorhaben, wie der Umsetzung stoischer Lehren, ist das für dich nur von Vorteil.

Setze dich heute Abend in aller Ruhe hin und stelle dir einen Timer auf 10 Minuten. Denke über deinen Tag nach und wähle ein Problem aus, mit dem du persönlich konfrontiert warst. Alternativ kannst du dich auch für ein Problem entscheiden, das morgen auf dich wartet und dir Sorgen bereitet.

Ist beides nicht der Fall, kannst du dich auch für ein Problem entscheiden, dass dir schon länger im Hinterkopf herumspukt, oder eine Situation aus der Vergangenheit wählen. Um was es sich handelt, bleibt dir überlassen. Hast du eine konkrete Situation im Kopf, startest du den Timer und

---

[6] Planton, Samuel; Jucla, Mélanie; Roux, Frank-Emmanuel.; Démonet, J. F. (2013): The "handwriting brain" – A meta-analysis of neuroimaging studies of motor versus orthographic processes. In: Cortex, Vol. 49 (10), S. 2772-2787

[7] Mueller, Pam A.; Oppenheimer, Daniel M. (2014): The Pen is Mightier than the Keyboard – Advantages of Longhand over Laptop Note Taking. In: Psychological Science, Vol. 25 (6), S. 1-10

schreibst darüber. Führe ein kleines Brainstorming durch, bis der Timer abgelaufen ist:

- » Wie fühlst du dich aktuell?

- » Was genau beschäftigt dich an der ausgewählten Situation besonders?

- » Welche sind mögliche Strategien, um mit dem Problem umzugehen?

- » Wie könnten konkrete Lösungen aussehen?

- » Was würdest du jemand anderem raten, der in deiner Situation steckt?

Wichtig ist, dass du bereits beim Schreiben den Perspektivwechsel vornimmst. Schreibe also nicht in der Ich-Perspektive. Wähle die Außenperspektive auch in der Schriftform. Hier hast du zwei Optionen.

1. Du schreibst in der **Du-Form**, so als würdest du einem Freund Ratschläge erteilen. Also nicht: "Ich fühle mich unwohl, weil...", sondern "Du fühlst dich unwohl, weil...".

2. Verfasse deine Gedanken in der **dritten Person**. Statt "Ich bin nervös wegen meines Anhörungstermins bei Gericht", schreibst du "Tanja ist aufgeregt, da sie morgen einen Anhörungstermin vor Gericht hat."

Welche Perspektive die bessere ist und für dich funktioniert, musst du in der Praxis selbst herausfinden. Probiere es am besten mit beiden.

Beispiel:

In unserem Beispiel wählen wir bewusst die Betrachtungsperspektive der dritten Person, die noch etwas weiter herauszoomt als die Betrachtungsweise in der zweiten Person. Unsere "Probandin" ist Tanja.

"Tanja fühlt sich aktuell stark gestresst. Auf der Arbeit herrscht das pure Chaos, denn in ihrer Abteilung sind drei wichtige Kollegen krank. Tanja muss deren Projekte mit übernehmen und hat Angst, die Arbeit nicht so gut zu erfüllen, wie ihre Kollegen. Sie fürchtet sich davor, dass ihr Chef unzufrieden sein könnte. Gleichzeitig verlangt auch Tanjas kleine Tochter ebenso Aufmerksamkeit wie ihr Ehrenamt bei der Freiwilligen Feuerwehr. Es ist kein Wunder, dass sich Tanja gestresst und ausgelaugt fühlt."

> » "Tanja erlebt diese Situation nicht zum ersten Mal. Sie hat sich bereits in der Vergangenheit so gefühlt."

> » "Es war damals unangenehm – das ist es heute auch – aber es geht vorüber."

> » "Während Tanjas Kollegen mit einer Grippe im Bett liegen, ist Tanja kerngesund."

> » "Auch sonst läuft bei Tanja im Job alles nach Plan. Während andere um ihren Arbeitsplatz bangen müssen, hat Tanja einen unbefristeten Vertrag."
>
> » "Tanja weiß, dass sie bei ihrem Chef ein hohes Ansehen hat, auch er weiß, dass in der aktuellen Situation keine Perfektion möglich ist."
>
> » "Tanja sollte sich dessen bewusst sein, dass es sich aktuell um eine kurze unangenehme Periode handelt, die sie bald hinter sich hat."
>
> » "Als erfahrene Mitarbeiterin sollte sich Tanja auf ihre Stärken verlassen und ihre Arbeit so gut sie kann erledigen – alles andere liegt nicht in ihrer Hand."
>
> » "Tanja sollte sich gleich eine Mütze voll Schlaf gönnen und sich für den nächsten Tag erholen. Dann wird sie ihre Arbeit gut erledigen."

Wirklich effektiv wird auch diese Übung nur, wenn du sie regelmäßig durchführst. Wenn du die Zeit findest, gerne auch jeden Tag zu einer festen Zeit. Am besten eignen sich die Abendstunden, um den Tag Revue passieren zu lassen.

Warum du diese Übung durchführen solltest

Du musst nicht immer die Astronauten-Perspektive einnehmen, um klarer zu sehen und die emotionalen Scheuklappen zu lösen. Durch diesen kleinen Schritt zurück überträgst du dein Verhalten gegenüber anderen frei nach Epiktet auf dich selbst. Dass diese Technik hilfreich ist, belegt die moderne Wissenschaft.[8] Aber auch schon vor über 2.000 Jahren machte Marc Aurel von ihr Gebrauch. Davon berichten seine persönlichen Aufzeichnungen "Selbstbetrachtungen", im Zuge derer er sich selbst in der Außenperspektive betrachtet und sein Ich in der zweiten Person anspricht.

[8] Kross, Ethan; Park, Jiyoung; Bruehlmann-Senecal, Emma; Burson, Aleah; Dougherty, Adrienne; Shablack, Holly; Bremner, Ryan; Moser, Jason; Ayduk, Ozlem (2014): Self-Talk as a Regulatory Mechanism – How You Do It Matters. In: Journal of Personality and Social Psychology, Vol. 106 (2), S. 304-324

Challenge 5

Dein Kopf ist ein trübes Fischglas

"Es ist so leicht, unwillkommene und unliebsame Gedanken zurückzuweisen,
und schon hat man seine Ruhe wieder."

Marc Aurel

Auch wenn es uns mit dem ersten Blick auf die Werke von Epiktet, Seneca oder Marc Aurel nicht gleich auffällt: Die Stoiker bauen in ihren Werken auf zahlreiche Visualisierungsübungen, die in ihrer Beschreibung vorgeblich "modernen" Meditationstechniken aus dem asiatischen Raum sehr nahekommen. Einmal mehr zeigt sich an dieser Stelle der universelle Nutzen, nein, die universelle Wahrheit, die in den Lehren der Stoa steckt, die auch in anderen Weltkulturen tief verwurzelt ist.

Dass die Stoiker Formen der Meditation praktizierten, liegt an der Zielsetzung. Meditation dient dazu, sich zu vergegenwärtigen, was in unserer Kontrolle liegt. Sie dient dazu, sich zu vergegenwärtigen, dass es eigentlich nichts gibt, worüber es sich aufzuregen lohnt. So gesehen ist die heutige Challenge ein stoisches Werkzeug, das dir dabei hilft, deine Emotionen zu zügeln, negative Gedankenspiralen zu durchbrechen und die Dinge binnen kürzester Zeit wieder klarer zu sehen. Das eingangs aufgeführte Zitat von Markus Aurelius fasst den Sinn und Zweck der heutigen Übung treffend zusammen.

Anders als bei den meisten Meditationstechniken der alten Stoiker wollen wir uns aber nicht rein auf den Geist verlassen, auch wenn dieser für die Visualisierung weiterhin zentral bleibt. Durch das Anwenden konkreter Atemtechniken beziehen wir auch den Körper direkt mit in das Meditationsgeschehen ein. Du wirst sehen, wie eng diese Bindung tatsächlich ist und wie dir gezielte Atmung dabei hilft, Wünsche, Begierden und Abneigungen binnen kürzester Zeit unter Kontrolle zu bekommen.

Übung: Sorge für klare Sicht

Natürlich haben uns die Stoiker in ihren philosophischen Schriften keine Schritt-für-Schritt-Anleitung über die Durchführung von meditativen Atemtechniken überliefert. Es ist jedoch davon auszugehen, dass man auch vor rund 2.000 Jahren bereits um die Wechselwirkung zwischen der gezielten Atmung, dem Geist und dem körperlichen Empfinden wusste.

Basis der heutigen Übung ist eine spezielle Visualisierungstechnik, die deinen Geist von hochkochenden, negativen Emotionen befreit, die deinen klaren Blick vernebeln wie trübes Wasser den Blick in die Tiefe eines Aquariums. Aus diesem Grund trägt die Technik, die der US-Autor Mark Devine in seinem Buch "Unbezwingbar wie ein Navy SEAL: Resilienz und mentale Stärke für Erfolg auf höchster Ebene" beschreibt, auch den Namen "Fischglas-Technik".[9]

Grundsätzlich geht es dabei um folgendes Konzept, das auch aus der Feder von Epiktet oder Zenon von Kition hätte stammen können. Aus Mangel an umfangreicher schriftlicher Überlieferung des Gründers der Stoa wissen wir nicht, ob Zenon seine Gedanken nicht schon um 300 v. Chr. auf diese Weise klärte:

---

[9] Devine, Mark (2016): Unbezwingbar wie ein Navy SEAL – Resilienz und mentale Stärke für Erfolg auf höchster Ebene, München: riva Verlag, S. 35 ff.

Bei der Fischglas-Technik stellst du dir deinen Kopf als Gewässer respektive Aquarium vor. In diesem Aquarium schwimmen Gedanken herum. Je mehr Gedanken (insbesondere negative Gedanken) sich dort tummeln, desto trüber ist das Wasser. Ein, wie ich finde, sehr treffendes Bild, um den mentalen Zustand zu beschreiben, in den uns negative Gedanken, Ärger, Wut und andere überbordende Emotionen stürzen.

Immerhin verschleiern diese Dinge einen klaren Blick auf die Dinge und damit unser Urteilsvermögen. Schlimmer noch. Ein trüber Geist ist die Grundlage für einen Teufelskreis weiterer Eintrübungen und damit das Gegenteil von allem, für das die Stoa steht. Um dieses trübe Wasser zu reinigen, braucht es einen Filter. Dieser Filter ist bei der Fischglas-Technik dein Atem. Mit jedem gezielten Atemzug reinigst du das Wasser, sodass es schrittweise klarer wird.

Je tiefer die Atemzüge und je länger du deinen "mentalen Filter" laufen lässt, desto klarer wird das visualisierte Fischglas. Während sich schon nach 10 Atemzügen ein Schleier lichtet und nach 20 Atemzügen wieder Licht durch die Gedankenwelt dringt, sind deine Gedanken nach 30 Atemzügen wieder klar wie ein Bergsee im griechischen Kallidromo-Massiv. Um den beschriebenen Effekt zu erreichen, reicht es aber nicht aus, wenn du dir deinen Kopf als trübes Aquarium vorstellst und einfach 10, 20, 30 Atemzüge machst. Dazu ist eine spezielle Atemtechnik notwendig:

1. Atme für 5 Sekunden durch die Nase ein. Achte darauf, dass du das Zwerchfell aktivierst und tief in deinen Bauch hineinatmest.

2. Halte deinen Atem mit gefüllter Lunge für 5 Sekunden an.

3. Lasse die Luft aus deinen Lungen nun langsam durch die Nase entweichen. Auch das Ausatmen nimmt 5 Sekunden in Anspruch.

4. Halte auch nach dem Ausatmen für 5 Sekunden die Luft an und damit deine Lunge nahezu luftleer.

Führe insgesamt 20-30 dieser Zyklen aus. Während für kleinere Emotionsausbrüche oder Ärgernisse 20 Zyklen ausreichen, bedürfen stärkere emotionale Regungen 30 Zyklen. Besonders wichtig ist bei dieser Übung eine absolute Unterbrechungsfreiheit. Gerade, wenn du die Fischglas-Technik die ersten Male anwendest, wird es dir passieren, dass du mit deinen Gedanken während der Übung abschweifst oder dich Gefühle ablenken.

Lass diese Gefühle und Regungen zu und verurteile dich nicht dafür. Nimm deine Emotionen wahr und starte deinen Atemzyklus bei jeder Unterbrechung von vorne. Mit der Zeit wirst du merken, dass dich Gedanken und emotionale Regungen immer seltener aus deiner Meditation herausreißen.

Beispiel:

Du kannst nicht nur beim Aufkommen negativer Emotionen, von Ärger, Wut oder vor schwierigen Entscheidungen auf die Fischglas-Technik zurückgreifen. Auch als regelmäßig angewendete Konzentrationshilfe für den Start in den Tag oder bei der Arbeit ist sie ausgezeichnet geeignet.

Hinweis:

Atemtechniken wie diese solltest du nur dann einsetzen, wenn du vollständig gesund bist. Besteht eine Vorer-krankung der Lunge oder des Herz-Kreislauf-Systems oder solltest du dir unsicher sein, frage bitte zuvor dei-nen Hausarzt um Rat. Sicher ist schließlich sicher.

Exkurs: Wirksamkeit aktiver Atemtechniken

Bevor wir uns einem kleinen Beispiel widmen, wollen wir uns damit beschäftigen, warum diese Atemtechnik so effektiv ist. Normalerweise atmet ein Erwachsener im Ruhezustand 12-15 Mal pro Minute. Dabei strömt jeweils ca. ein halber Liter Luft in die Lunge. Benötigt dein Körper mehr Energie, steigen Atemvolumen und Atemfrequenz. Im Rahmen der geschilderten Atemtechnik entfernen wir uns von der "normalen" Atmung. Genau genommen atmest du sogar nur 3 Mal pro Minute.

Dafür allerdings bewusst und sehr tief. Von Bedeutung für den meditativen Effekt ist neben der Tiefe und Verlangsamung der Atmung die Nasenatmung selbst. Vor allem beim Ausatmen durch die Nase zeigt sich, dass dadurch Pulsfrequenz und Blutdruck absinken können. Wissenschaftliche Erkenntnisse belegen im Übrigen die positiven Auswirkungen der Nasenatmung auf unsere Psyche. Eine im Journal of Neuroscience veröffentlichte Studie förderte unter anderem die folgenden Aspekte zutage:[10]

> » Probanden konnten sich bei Gedächtnistests Gegenstände besser merken.

> » Das Erkennen von Emotionen in Gesichtern anderer Menschen fiel den Probanden deutlich leichter.

> » Die Mundatmung führte zu keiner gesteigerten Gedächtnisleistung.

Hintergrund für diese Wirkungsweise ist u.a., dass die Nasenatmung spezielle Hirnareale stimuliert, die für das Verarbeiten von Emotionen und Erinnerungen verantwortlich sind. Dazu zählt unter anderem die sogenannte Amygdala (Mandelkern), die etwa unser Empfinden von Angst oder

---

[10] Zelano, Christina; Jiang, Heidi; Zhou, Guanyu; Arora, Nikita; Schuele, Stephan; Rosenow, Joshua; Gottfried, Jay A. (2016): Nasal Respiration Entrains Human Limbic Oscillations and Modulates Cognitive Function. In: Journal of Neuroscience, Vol: 36 (49), S. 12448-12467

Aggression steuert. Letztere kann beispielsweise bei Menschen mit Angststörung[11] oder Depressionen vergrößert sein.[12] Genau hier findet durch Atemtechniken also der Brückenschlag zwischen der körperlichen Ebene und dem geistigen Ideal der Stoa, Ängste und Aggressionen unter Kontrolle zu halten, statt.

Beispiel:

Du sitzt an deinem Schreibtisch und bist am Arbeiten. Wie halbstündlich üblich wird die Musik von den Nachrichten unterbrochen. Du merkst auf, denn ein paar Augenblicke später hörst du einmal wieder einen von dir wenig geschätzten Politiker oder eine Politikerin etwas sagen, das dich fürchterlich aufregt. Deine Gedankenkaskade kommt in Gang, da du dir Dinge ausmalst, die Konsequenz des Angekündigten sein könnten.

Dinge, die dich über drei Ecken selbst schwer treffen könnten. Und schließlich ertappst du dich dabei, wie du gedanklich den Weltuntergang durchgehst. An konzentrierte Arbeit ist da nicht mehr zu denken. Also:

---

[11] Fischer, Lars (2014): Ängstliche Kinder haben vergrößerte Amygdala. URL: https://www.spektrum.de/news/aengstliche-kinder-haben-vergroesserte-amygdala/1295654 [18-04-2020]

[12] Wulff, Leonard (2018): Amygdala-Volumenveränderung bei Depression? Entwicklung und Anwendung eines Segmentierprotokolls für hochauflösende MRT (2018). URL: http://archiv.ub.uni-marburg.de/diss/z2018/0138/pdf/dwdd.pdf [18-04-2020]

1. Lehne dich zurück, nimm eine gerade Haltung ein und richte dich auf.

2. Schließe deine Augen und beginne mit der Atemtechnik.

3. Zähle die Sekunden in jeder Phase mit und spüre, dass dein Kopf mit jedem Atemzug klarer wird.

4. Taucht irgendein Gedanke oder eine Emotion auf, hältst du kurz inne und beginnst von vorne.

5. Beende deine Meditation nach 20, spätestens aber 30 Zyklen.

Tipp:

Wenn du die Möglichkeit dazu hast, kannst du während deiner Meditation Naturklänge einspielen. Ob Meeres-rauschen, Vogelzwitschern oder die Klangkulisse des tropischen Urwalds. Wähle, was dir die größte Entspannung verschafft.

Warum du diese Übung durchführen solltest

Die Fischglas-Technik ist der perfekte Weg, um ein mentales Stoppschild aufzustellen und dich daran zu erinnern, welche Dinge vollständig unter deiner Kontrolle stehen und welche nicht. Als wenig aufwendige Maßnahme ist die Übung sowohl zuhause als auch am Arbeitsplatz oder unterwegs in der Natur anwendbar. Wertvoll ist die Technik in erster Linie, da sie die Aspekte von Körper und Geist vereint. Gerade, wenn du erst damit beginnst, dich aktiv mit der Stoa zu beschäftigen, ist die Fischglas-Technik in Kombination mit dem speziellen Atemrhythmus ein zuverlässiges Werkzeug, dessen Wirkung nicht einzig auf einer geübten mentalen Komponente fußt.

Challenge 6

Halte Maß beim Essen

"Jeder, der ein anständiger Mensch sein
will, werde doch wohl nicht der Masse
ähnlich sein wollen, und daher nicht
etwa leben,
um mit höchstem Sinnesgenuss zu essen, sondern essen, um zu leben."

Gaius Musonius Rufus

In unseren Breiten dient die Nahrungsaufnahme schon lange
nicht mehr nur dem Selbsterhalt. Das zeigt uns bereits ein
Blick auf die erschreckenden Gesundheitsstatistiken, denen
zufolge ein großer Teil der Bevölkerung in Industriestaaten
übergewichtig ist und an entsprechenden gesundheitlichen
Folgen laboriert. Um zu wissen, dass es einen direkten Zusammenhang zwischen dem Essen und einem klaren Geist
gibt, müssen wir nicht einmal die alten Stoiker bemühen.

Auch die Römer wussten: "Mens sana in corpore sano" – "Ein gesunder Geist in einem gesunden Körper". Thematisch passend ziehen wir als Basis für die heutige Challenge ein Zitat des Musonius Rufus heran, der im Übrigen der Lehrer des Epiktet war, aber trotz seines zeitgenössischen Ansehens im Stoizismus niemals die Bedeutung seines Schülers Epiktet erreichte.

Gerade in einer Welt des Überflusses bietet die Nahrungsaufnahme eine Menge Stolperfallen. Das wussten schon die antiken Stoiker, wenngleich sich die subtile Kritik damals vornehmlich an die Aristokratie richtete, während sie heute einen universal erhobenen Zeigefinger darstellt. Eine der vier Kardinaltugenden der Stoa ist die Mäßigung.

Also die Fähigkeit, Dinge in genau dem richtigen Maß zu tun. Weder zu viel noch zu wenig. Welche bessere Möglichkeit gibt es für uns also, das Maßhalten zu üben, als beim Essen? Immerhin essen wir abhängig von unseren Gewohnheiten mindestens dreimal pro Tag. Dabei machen wir heute noch die gleichen Fehler, die schon Musonius Rufus anprangerte. In seinen Aufzeichnungen nennt der römische Philosoph gleich einige Punkte.

"Die Maßlosigkeit in Bezug auf die Nahrung macht den Menschen an Gier Schweinen und Hunden ähnlich und unanständig an Händen, Augen und Gaumen. Das Gegenteil, ordentlich, anständig und mit Maß zu essen, ist sehr schön. Unter den vielen Lüsten ist die Esslust [...] am schwersten zu bekämpfen, weil wir es mit ihr täglich, ja zweimal am

Tage zu tun haben. Dabei treten bei jeder Mahlzeit verschiedene Gefahren auf: [...]"

1. Wir essen zu viel und schaden damit sowohl unserer Gesundheit als auch unserer Wertschätzung für unsere Nahrung.

2. Wir essen viel zu schnell. Auch das schadet nachweislich der Gesundheit[13] sowie der Wahrnehmung für unsere Nahrung.

3. Wir nehmen lieber wohlschmeckende Speisen zu uns als jene, die wirklich gesund für uns sind.

4. Am Tisch agieren wir häufig egoistisch und lassen unseren Tischnachbarn nicht Gleiches zukommen wie uns selbst.

5. Wir essen zu unregelmäßig und zu falschen Zeiten, was uns von anderen Tätigkeiten und Pflichten abhält.

6. Wir essen häufig nur aus Genusssucht.

Wenn du dir diese Punkte einmal durch den Kopf gehen lässt, fällt dir sicherlich auf, dass auch du häufiger in genau dieses Raster gerätst. Gerade, wenn das so ist, ist das folgende Mäßigungstraining, das du gleich mehrfach am Trag durchführen kannst, eine perfekte Trainingsmöglichkeit für

---

[13] Tao, Lixin; Yang, Kun; Huang, Fangfang; Liu, Xiangtong; Li, Xia; Luo, Yanxia; Wu, Lijuan; Guo, Xiuhua (2018): Association between self-reported eating speed and metabolic syndrome in a Beijing adult population – A cross-sectional study. In: BMC Public Health, Vol. 18 (1), S. 1-9

die stoische Tugend des Maßhaltens. Behalte dabei bitte eines im Hinterkopf: Den Stoikern – allen voran Musonius Rufus – ging es nicht darum, sich die Freude an einer guten Mahlzeit zu beseitigen.

Immerhin betrachteten die Stoiker Gaumenfreuden als indifferent – also weder als glasklar "gut" noch als eindeutig "schlecht". Es geht vielmehr darum, bei einer so einfachen und "beiläufigen" Sache wie dem Essen wachsam zu bleiben, um nicht auf einen nicht tugendhaften Weg zu geraten. Man könnte also sagen, dass die folgende Übung deine Tugendhaftigkeit an kleinen Dingen trainiert, damit du sie auch bei den großen Dingen des Lebens an den Tag legen kannst.

Übung: Maß halten mit Musonius Rufus

Bei dieser Übung kannst du dich eins zu eins an den von Musonius Rufus aufgezählten Punkten orientieren. Da diese als Negativbeispiele gelten, musst du einfach nur das Gegenteil tun, um in der Praxis auf dem tugendhaften Weg zu bleiben. Umso wichtiger ist diese Übung, da die Nahrungsaufnahme in unserer hektischen Zeit häufig spontan stattfindet. Ob nun der Gang zum Imbiss in der Mittagspause, das geplante Geschäftsessen oder das Frühstück, das aufgrund von Zeitdruck zwischen Tür und Angel stattfindet. Abhängig davon, wann und mit wem du wo isst, kannst du das Maßhalten mit unterschiedlichen Maßnahmen trainieren.

1. Nimm dir ein Blatt Papier zur Hand und fertige eine Tabelle mit drei Spalten an.

2. In die erste Spalte schreibst du die Kritikpunkte des Musonius Rufus.

3. In der zweiten Spalte landen geeignete Gegenmaßnahmen. Hier hast du freie Hand. Wähle zu jedem Punkt mindestens eine Gegenstrategie, die du anwenden kannst.

4. Die dritte Spalte dient dir schlussendlich als Gedankenstütze. Hier hinein kommen deine Ideen, wie du dich im Tagesverlauf an deine Gegenmaßnahmen erinnern kannst.

5. Setze die Übung heute bei all deinen Mahlzeiten in die Praxis um.

Diese Challenge lässt dir viel Freiraum. Abhängig davon, wann und in welchem Umfeld du isst, kannst du eine oder gleich mehrere Strategien zugleich ausprobieren. Ob du lediglich eine Strategie pro Mahlzeit umsetzt, für jede Mahlzeit einen anderen Ansatz ausprobierst oder gleich immer das "volle Programm" des Maßhaltens abziehst, bleibt dir überlassen. Das folgende Beispiel kann dir Anregungen für deine persönliche Umsetzung geben.

Beispiel:

Musonius Kritikpunkte	Meine Lösungsansätze	Meine Hilfsmittel /Gedankenstütze
Zu viel essen	*Ich reduziere meine Portionsgröße.*	*Ich verwende einen kleineren Teller.*
Zu schnell essen	*Ich esse langsamer und genieße jeden Bissen bewusst.*	*Ich kaue jeden einzelnen Bissen mindestens 20 Mal.*
Lieber Wohlschmeckendes als Gesundes essen	*Ich esse Dinge, die gesund und wohlschmeckend zugleich sind. Dazu überlege ich mir beispielsweise Alternativen zu ungesunden Süßigkeiten. Ich wähle beispielsweise eine Banane anstelle eines Schokoriegels.*	*Ich lege mir einen Ernährungsplan an oder führe ein digitales Ernährungstagebuch via App.*
Egoismus am Tisch	*Ich lasse anderen am Tisch mindestens das gleiche Maß an Nahrungsmitteln zukommen.*	*Ich nehme mir zuletzt etwas und reiche anderen zuvor die Schüsseln.*
Unregelmäßiges Essen	*Ich möchte strukturierter zu regelmäßigen Zeiten essen.*	*Ich plane meinen Tagesablauf.*
Aus reiner Genusssucht essen	*Beim Essen soll der Nutzen des Essens im Vordergrund stehen.*	*In der Kantine wähle ich beim Mittagsessen das weniger populäre Gericht.*

Diese Auflistung ist selbstverständlich nur ein Beispiel. Du kannst deiner Kreativität bei der Umsetzung dieser Aufgabe freien Lauf lassen. Da du für diese Übung keine zusätzliche Zeit einplanen musst und sie quasi nebenher erledigen kannst, solltest du sie gleich fest in deine Tagesroutine übernehmen.

Warum du diese Übung durchführen solltest

Um den Sinn der Übung zu unterstreichen, bedienen wir uns Marcus Tullius Cicero, der die Ansichten des Musonius Rufus nochmals auf die knappe Aussage "Du musst essen, um zu leben, nicht leben, um zu essen" verkürzt.[14] Die Challenge soll dir in einer Welt des Überflusses die Fähigkeit geben, Versuchungen zu widerstehen und trotz aller Möglichkeiten, die du hast, Maß zu halten.

In keinem Kontext funktioniert das auf täglicher Ebene so gut wie beim Essen. Das galt schon für die Stoiker vor 2.000 Jahren. Und es gilt noch viel mehr für uns, die wir täglich kaum einen Schritt tun können, ohne mit prall gefüllten Supermarktregalen oder dem Duft von Dönern, Gyros oder Pizza konfrontiert zu werden.

---

[14] Cicero (1994): Rhetorica et Herennium

Challenge 7

Zeitfresser konsequent eliminieren

"Es ist wichtig, dass du dich daran erinnerst, dass die Aufmerksamkeit, die du jeder Handlung widmest, in einem angemessenen Verhältnis zu ihrem Wert stehen sollte,
denn dann wirst du nicht müde und gibst nicht auf, weil du keine Zeit auf Dinge
verschwendest, die weniger wert sind, als erlaubt sein sollte."

Marc Aurel

Was ist das Wertvollste in unserem Leben? Geld, Anerkennung, soziale Bindungen? Nein, es ist die Zeit. Denn während Geld, Anerkennung und soziale Beziehungen flüchtig sind und im Zweifelsfall erneuert werden können, ist die Zeit, die uns auf diesem Planeten beschieden ist, tatsächlich endlich. Gerade in unserer modernen Welt, die nur so vor Aktivitäten und Ablenkungen steckt, ist Zeit wertvoller denn je.

Verstrichene Zeit kannst du dir nicht zurückholen. Ein verstrichener Tag bleibt ein verstrichener Tag. Um dir das Ganze einmal vor Augen zu führen: Das menschliche Herz ist nach kardiologischen Erkenntnissen auf maximal knapp 4 Milliarden Herzschläge ausgelegt.[15] Natürlich kannst du durch einen fitten Körper und einen niedrigen Ruhepuls im besten Fall gute Voraussetzungen für ein paar Jahre mehr schaffen - irgendwann fällt aber definitiv der letzte Vorhang.

Umso erstaunlicher, dass wir im Alltag viel Zeit mit Dingen verschwenden, die einen geringen Nutzen haben, während wichtige Dinge, wie Familie, Freunde, unsere Verpflichtungen und auch die Arbeit an einem idealen Selbst häufig auf der Strecke bleiben. Wie oft sagen wir "Ich habe keine Zeit"? Dazu wusste schon Seneca: "Nicht das Leben, das wir empfangen, ist kurz, nein, wir machen es dazu; wir sind nicht zu kurz gekommen; wir sind vielmehr zu verschwenderisch." Damit bist du selbst dafür verantwortlich, worin du deine Zeit investierst.
Bedenke: Je mehr Zeit du auf eine Sache verwendest, desto mehr Bedeutung räumst du ihr ein. Es bedarf keiner hellseherischen Fähigkeiten, um festzustellen, dass bei vielen

---

[15] Asimov, Isaac (1977): Von Zeit und Raum, Zürich: Schweizer Verlags-Haus

Menschen eine Schieflage zwischen der wahren Bedeutung der Dinge und der darin investierten Zeit besteht. In der heutigen Challenge geht es gleich um mehrere Dinge:

1. Die Suche danach, wo deine Zeit bleibt.

2. Welchen Dingen du aktuell scheinbar die größte Bedeutung zumisst.

3. Wie du dir deine Zeit zurückholst, um sie für die wirklich relevanten Dinge zu nutzen.

Übung: Wer hat an der Uhr gedreht?

Den meisten Menschen ist gar nicht bewusst, wie viel Zeit sie mit Dingen verbringen, die rational betrachtet keine große Rolle spielen. Sei es nun Binge-Watching bei Netflix oder das ständige Durchforsten der sozialen Medien. Bevor du also daran gehen kannst, dir deine Zeit zurückzuholen, musst du erst einmal wissen, wohin deine Zeit überhaupt verschwindet. Dazu musst du nichts weiter tun, als einen ganzen Tag Protokoll über deine Aktivitäten zu führen – auch über die kleinen. Das Ergebnis wird dich erstaunen – versprochen.

Tipp:

Da uns der ständige Griff zum Smartphone häufig nicht einmal mehr auffällt, solltest du dir hier eine Time-Tracking-App zunutze machen. Diese zeichnet nicht nur die Bildschirmzeit auf, sondern auch, wie viel Zeit du in einzelnen Anwendungen verbringst.

1. Bevor du eine Aufstellung aller Tätigkeiten anlegst und die investierte Zeit aufsummierst, bewertest du alle Aktionen gemäß dem Stellenwert, den diese für dich haben auf einer Skala von 1 (unwichtig) bis 10 (sehr wichtig). Führe diesen Schritt unbedingt zuerst aus, um das Ergebnis nicht unbewusst zu verfälschen.

2. Anschließend summierst du die Zeit, die du mit jeder Tätigkeit verbracht hast, auf. Wichtig: Bei jeder Tätigkeit zählt die Gesamtsumme. Ordne deine Liste dann nach der investierten Zeit absteigend von viel nach wenig.

3. Deine persönlichen Zeitfresser sind die Tätigkeiten, in die du viel Zeit investierst, die dir gemäß deiner Einschätzung aber relativ unwichtig sind. Durch das Ergebnis bekommst du nicht nur ein hohes Maß an Achtsamkeit für dein Zeitmanagement, sondern zugleich einen Ansatzpunkt für Übung 2.

Hinweis:

Übung: Zeitfresser ade

Mit der zweiten Übung wollen wir uns im Rahmen dieser Tageschallenge darum kümmern, Zeitfresser zu beseitigen, womit du dir deine Zeit zurückholen kannst. Die Vielfalt der möglichen Zeitfresser macht es unmöglich, alle Zeitdiebe inklusive möglicher Lösungsansätze anzusprechen. Daher beschränke ich mich im Folgenden auf die Wichtigsten. Nutze die Vorschläge, um selbst Lösungen für andere Zeitfresser zu entwickeln.

1. Unnötige E-Mails

Überquellende E-Mail-Postfächer und der ständige Blick in das Mailkonto kosten täglich viel Zeit. Hier kannst du gleich zwei Maßnahmen umsetzen. Erstens: Schaue nur zu festen Zeiten in dein E-Mail-Postfach z. B. alle 3-4 Stunden. Denke auch daran, das Aktualisierungsintervall deines Postfachs entsprechend einzustellen. Ansonsten verführt dich der Ton jeder eingehenden E-Mail wieder zu einem Blick hinein. Die zweite Option ist die Prävention. Kehre dazu dein Postfach mit dem eisernen Besen aus. Nimm dir eine halbe Stunde Zeit und lösche deine Kontaktdaten aus allen nicht-essenziellen Newsletter-Verteilern. So gerätst du gar nicht erst in

Versuchung, deine Zeit mit dem Stöbern in Lockangeboten zu verschwenden.

2. Ablenkung in deinem Blickfeld

Dort, wo du wichtige Dinge erledigst, sollte der Grad der Ablenkung so gering wie möglich sein. Ansonsten läufst du Gefahr, der Ablenkungs-Versuchung zu erliegen. Gewinne mentale Stärke, indem du z. B. am Schreibtisch unnötige Ablenkungen wie Bücher, Magazine, das Smartphone und alle Unterlagen, die mit deiner aktuellen Tätigkeit nichts zu tun haben, aus deinem Blickfeld räumst.

3. Nicht "Nein" sagen können

Viele Menschen können einfach nicht "Nein" sagen, wenn sie um etwas gebeten werden. Dass das ausgeprägte "Helfersyndrom" alles andere als förderlich für die persönliche Entwicklung und ein glückliches Leben im Sinne der Stoa ist, haben wir ja bereits an anderer Stelle behandelt. Ich möchte dir dazu noch einmal Challenge Nummer 3 zum Thema "Nein sagen lernen" empfehlen.

4. Ablenkung durch dein Smartphone

Das Handy ist der ultimative Zeitfresser des 21. Jahrhunderts. Ehe du dich versiehst, ist wieder eine Viertelstunde vergangen. So kommen an einem Tag leicht mehrere Stunden bedeutungslos vergeudete Zeit zusammen. Schalte dein Smartphone bei der Arbeit in den Flugmodus oder lege es gleich in einen anderen Raum. Alternativ lässt du dein Smartphone einfach einmal Zuhause, wenn du außerhaus bist. Besonders effektiv sind Zeitkontroll-Apps. Mit deren

Hilfe legst du ein tägliches Zeitbudget fest, welches du für bestimmte Apps aufbrauchen kannst. Setze dir tägliche Limits für die Nutzung sozialer Medien und anderer Dienste, um einen effizienteren Umgang mit deiner Zeit zu lernen und sinnloses Herumsurfen zu vermeiden.

5. Vermeide Nachrichten

Ebenfalls zu den größten Zeitfressern gehören die Nachrichten. Nicht etwa, weil das Anschauen oder Anhören so lange dauert. Vielmehr sind es die Gedanken, die uns nach dem Konsum oft stundenlang umtreiben und uns von den bedeutenden Dingen abhalten. Wenn wir es genau bedenken, geht es in den Nachrichten ausschließlich um Dinge, die wir nicht in unserer vollständigen Kontrolle haben.

Ob nun Donald Trump wieder irgendeine Stilblüte von Stapel gelassen hat, ob es am anderen Ende der Welt ein Erdbeben gab oder ob die Politik einmal wieder von der Regulierungswut getrieben wird. Über all das hast du ohnehin keinerlei Kontrolle. Besinnen wir uns auf Epiktet:

"Es gibt nur einen Weg zum Glück. Und das ist, sich nicht mehr um Dinge zu sorgen, die außerhalb der Macht unseres Willens liegen. [...] Wenn du dich verbessern willst, dann sei damit zufrieden, bei unwesentlichen Dingen ahnungslos oder dumm zu wirken - sehne dich nicht danach, sachkundig zu wirken."

So zitiert der Schweizer Autor Jonas Salzgeber in seinem Buch "Das kleine Handbuch des Stoizismus" den großen

Stoiker sinngemäß und setzt die 2.000 Jahre alte Lehre damit in direkte Verbindung mit dem medialen Dauerfeuer des 21. Jahrhunderts.[16] Die Lösung für dieses Problem liegt auf der Hand:

Lass die Tagesschau Tagesschau sein, höre deine eigene Musik, statt dir im Radio halbstündlich die gleichen Meldungen um die Ohren hauen zu lassen und surfe nicht ständig auf Nachrichtenportalen. Dort wimmelt es ohnehin vor emotionsgeifernden Meldungen, die nur darauf aus sind, Emotionen hervorzurufen, die mit einem ausgeglichenen Geist im Sinne der Stoa ungefähr so viel zu tun haben, wie der Slave Epiktet mit dem Genuss von gebratenen Flamingozungen. Keine Angst, die wirklich weltbewegenden Nachrichten bekommst du dank deinen Mitmenschen auch ohne aktiven Nachrichtenkonsum mit.

Bevor du dich an die Umsetzung begibst, fehlt noch ein entscheidender Schritt: Du musst dich aktiv und bewusst mit deinen eigenen Zeitfressern und der alternativen Nutzung deiner Zeit auseinandersetzen. Halte dazu schriftlich fest, welche Maßnahme du konkret gegen deine persönlichen Zeitfresser ergreifen möchtest. Halte ebenfalls fest, wie du die eingesparte Zeit stattdessen einsetzen möchtest. Erst so entscheidest du selbstbestimmt, wie du deine Zeit wirklich verbrauchst.

---

[16] Salzgeber, Jonas (2020): Das Kleine Handbuch des Stoizismus - Zeitlose Betrachtungen, um Stärke, Selbstvertrauen und Ruhe zu erlangen, 3. Aufl., München: Finanzbuch, S. 178 ff.

Tipp:

Versuche an deinem Tag so viele Zeitfresser wie möglich zu eliminieren und die frei gewordene Zeit an jedem Tag in die Dinge zu stecken, die für dich wirklich bedeutsam sind. So wirst du frei nach dem Ziel der Stoa jeden Tag eine bessere Version deiner selbst.

Warum du diese Übung durchführen solltest

Zeit ist deine wertvollste Ressource. Das gilt nicht nur für die Dinge, die du für dich selbst tust. Es gilt ebenso für die Zeit, die du in andere Menschen und ihre Anliegen investierst. Mit dem Ausmerzen von Zeitfressern und der Reallokation des Zeitbudgets auf die bedeutsamen Dinge zielten die Stoiker darauf ab, die uns gegebene Lebenszeit so bedeutsam wie möglich zu nutzen.

"Wer dagegen seine Zeit vornehmlich in bedeutungslosen Luxus steckt, den erinnert spätestens der unausweichliche Tod daran, dass das Leben an dir vorbeigezogen ist, bevor du es bemerkt hast", so Seneca sinngemäß.

Seneca und Konsorten ging es dabei nicht darum, Zerstreuung gänzlich zu meiden. Vielmehr sollst du mithilfe der Übung im Sinne der Stoiker mehr Achtsamkeit für die beschränkte Zeit entwickeln, die dir gegeben ist. Durch dieses Bewusstsein hast du es selbst in der Hand, den Dingen und

Menschen in deinem Leben selbst die Bedeutung zukommen zu lassen, die sie verdienen. Also verwende den Großteil deiner Zeit auf das Wesentliche!

Challenge 8

Sprich nicht so viel über dich selbst

"In Gesellschaft vermeide es, weitschweifig und maßlos von deinen eigenen Leistungen und Abenteuern zu reden. Denn wenn es dir auch Spaß bereitet, von deinen Abenteuern zu erzählen, so braucht es den andern noch lange nicht denselben Spaß zu bereiten, deine Erlebnisse anzuhören. Vermeide es auch, Gelächter zu erregen. Denn diese Neigung entartet leicht zur Stillosigkeit und ist geeignet, die Achtung deiner Mitmenschen vor dir zu schmälern."

Epiktet, Handbüchlein der Moral, 33.14

Respektvolles Handeln in der verbalen und nonverbalen Kommunikation mit anderen Menschen ist eine der drei

Grundtugenden des Stoizismus. Das umfasst insbesondere die Art, wie du mit anderen Menschen sprichst. Es ist völlig normal, dass du mit anderen Menschen darüber redest, was du tust, wie es dir geht, was in deinem Leben passiert usw.

Vor allem gilt das in der Kommunikation mit Menschen, denen du etwas bedeutest. Auch in Gesprächen mit Fremden und oberflächlichen Bekanntschaften ist es wichtig, dass du dich öffnest. Nur so können überhaupt soziale Bindungen entstehen. Wie überall greift aber auch bei der Kommunikation der Grundsatz des richtigen Maßes und der Art der Kommunikation.

Häufig merken wir nicht, dass wir uns bei der Kommunikation mit anderen selbst in den Fokus stellen. Wir sprechen aktiv nur über uns und stellen uns und unsere Erlebnisse in der Erwartung, dass unser Gegenüber brennend daran interessiert ist, stets in den Fokus. Es liegt in der Natur der Dinge, dass sich andere Menschen – insbesondere die, die uns nahe sind – für unsere Erlebnisse interessieren. Wir Menschen leben nun einmal von der Neugier.

Irgendwann ist aber ein Punkt erreicht, an dem unsere kommunikative Egozentrierung unser Gegenüber einfach nur noch langweilt. Während wir dies häufig nicht merken und in unserem freudigen Mitteilungsbedürfnis aufgehen, bereiten wir unserem Gegenüber negative Emotionen. Das ist, wie Epiktet bereits vor 2.000 Jahren schrieb, stillos und nicht förderlich für die Achtung, die unsere Mitmenschen uns gegenüber erbringen.

Übung: Nimm dich zurück

Wir müssen nur einmal durch die Status-Nachrichten unserer Social-Media-Freunde scrollen. Jeder von uns hat in seiner Kontaktliste gleich mehrere Kandidatinnen und Kandidaten mit einem scheinbar übersteigerten Mitteilungsbedürfnis. Alle halbe Stunde folgt eine neue Statusmeldung gefolgt von den neuesten Reisefotos, Schnappschüssen vom Sport oder dem stilvoll in Szene gesetzten Abendessen.

Und wenn das nicht der Fall ist, wird entweder ein hippes Buch präsentiert oder mit via Suchmaschine zusammengewürfelten Zitaten um sich geworfen. Nimm einmal dein Smartphone zur Hand und durchstöbere ein soziales Netzwerk deiner Wahl. Wie fühlst du dich? Gelangweilt, genervt, vielleicht sogar ungehalten?

Aber auch im realen Leben setzt sich diese Eigenschaft fort – wenngleich es in der Regel keine böse Absicht ist. Im Freundeskreis haben wir doch alle die durchaus liebenswerten Menschen, die den ganzen Tisch mit ihren Geschichten unterhalten, dabei aber leider vergessen, die anderen auch zu Wort kommen zu lassen. Versetze dich jetzt einmal in eine dieser Situationen hinein, die du unter Garantie schon erlebt hast. Wie fühlst du dich? Gelangweilt, genervt, vielleicht sogar ungehalten?

Behalte das bei der Umsetzung der heutigen Challenge im Hinterkopf, denn emotionale Schieflagen sind auf Dauer keine produktive Grundlage für Freundschaften und soziale Beziehungen im Allgemeinen. Folglich waren die Stoiker auch hier auf das richtige Maß bedacht. Woran aber liegt es, dass wir dazu neigen, uns in den Vordergrund zu drängen?

Die Autoren Massimo Pigliucci und Gregory Lopez vermuten dahinter in ihrem Buch "Live like a Stoic" einen leichten Hang zum Narzissmus, der uns allen mehr oder weniger stark innewohnt.[17] Narzissmus ist allerdings eine Eigenschaft, die im Sinne der Stoa gleich zwei Nachteile mit sich bringt.

» Erstens verlierst du viel Energie, die du benötigst, um dich um deinen eigenen Geist zu kümmern.

» Und zweitens verlierst du die Aufmerksamkeit für die Befindlichkeiten anderer Menschen.

Indem wir uns in der Kommunikation mit anderen selbst ein Stück weit zurücknehmen, halten wir Maß und schaffen mehr Raum für andere Menschen. Die folgenden Übungen können dir dabei helfen.

---

[17] Pigliucci, Massimo; Lopez, Gregory (2019): Live Like A Stoic – 52 Exercises for Cultivating a Good Life, Ebury Publishing

Übung: Ehrliche Worte

Geh in dich und überlege dir konkrete Situationen, in denen du dich selbst zu sehr in den Fokus stellst. Sei es nun das ständige Teilen von Belanglosigkeiten in sozialen Netzwerken, ungefragte Monologe über deinen Arbeitstag am Abendbrottisch oder die Eigenschaft, auf privaten Feiern nur von dir zu reden. Schreibe alles auf, was dir selbst einfällt. Noch wirkungsvoller ist diese Aufgabe, wenn du sie nicht nur heute durchführst, sondern über eine Woche lang jeden Tag zu einem festen Zeitpunkt wiederholst. Auf diesem Weg deckst du möglichst viele Situationen ab.

Für Teil zwei dieser Übung benötigst du einige Menschen, die dir gegenüber schonungslos ehrlich sind. Frage diese Menschen direkt, in welchen Situationen du zu viel über dich sprichst oder bei welchen Gelegenheiten du dich zu sehr in den Fokus stellst. Wirklich gute Freunde und nahe Angehörige werden dir bereitwillig dabei helfen, diese Punkte aufzudecken. Schreibe auch hier mit und vergleiche die Ergebnisse deiner Selbsteinschätzung mit den Ergebnissen deiner Befragung. Erstelle daraus eine Auflistung absteigend nach der Häufigkeit der Nennung. Das Ergebnis sind die Baustellen, an denen du arbeiten solltest.

Übung: Ein kleiner Praxisleitfaden

In Übung drei geht es um die Umsetzung. Da die möglichen Situationen, in denen du zu viel über dich sprichst, sehr vielfältig sind, ist es wichtig, dass du selbst zielgerichtet Lösungen entwickelst. Die folgenden Beispiele kannst du gerne als Anregung nutzen oder so, wie sie sind, anwenden.

» Frage Menschen immer zuerst danach, wie es ihnen geht und wie ihr Tag war.

» Fall nicht gleich mit der Tür ins Haus, wenn du von der Arbeit nachhause kommst. Lass zunächst einmal deinen Partner und deine Kinder auf dich zukommen. Sie haben dir womöglich etwas mitzuteilen, das deutlich wichtiger ist als die zum zehnten Mal aufgewärmten Marotten deiner Arbeitskollegen.

» Interessiere dich aktiv für deinen Mitmenschen und stelle Fragen zu ihrer Person und nicht nach materiellen Dingen.

» Spreche erst dann umfangreich von dir, wenn dich dein Gegenüber danach fragt.

» Erlege dir eine Social Media-Sperre auf, indem du einfach eine Woche gar keine Statusmeldungen mehr postest.

» Für Social Media Heavy User empfehlen Pigliucci und Lopez in ihrem Buch zudem eine weitere Taktik: Poste für eine Woche einfach positive Kommentare unter Beiträge deiner Freunde und anderer Personen, anstatt selbst etwas zu posten.

» Die letzte Übung ist zugegebenermaßen die Königsdisziplin: Streiche das Wort "ich" für einen Tag aus deinem Wortschatz. Das ist eine echte Challenge, die dich ganz im Sinne der Stoiker jederzeit bewusst über deine Worte nachdenken lässt. Als Dauerzustand ist die Übung freilich nicht konzipiert, sondern lediglich als eine Art Achtsamkeitsübung, die du zeitweise Einstreuen kannst, um deine Sensibilität zu erhöhen.

Ganz gleich, für welche Maßnahmen du dich entscheidest. Wichtig ist, dass du sie im Alltag konsequent umsetzt. Schreibe dir die gewählten Maßnahmen auf und lese sie dir an jedem Morgen durch, bevor du in den Tag startest. Beginne zunächst mit einer Maßnahme. Später kannst du weitere Maßnahmen hinzunehmen.

Warum du diese Übung durchführen solltest

Die Frage nach dem Warum lässt sich leicht beantworten. Sie steckt schon im eingangs erwähnten Zitat von Epiktet. Es geht darum, auch in der Kommunikation Maß zu halten, um andere Menschen nicht zu langweilen oder anderweitig negativ zu triggern. Zusammenfassend gilt es nach Ansicht der Stoiker, bezogen auf sich selbst zurückhaltend zu handeln und damit mehr Raum für andere Menschen zu schaffen.

Challenge 9

Mache dir die Natur der Dinge bewusst

"Die Pythagoreer erinnern uns daran, an jedem Morgen unsere Augen gen Himmel zu erheben, um über die himmlischen Körper zu meditieren, die ihrer ewigen Runde folgen - ihre Ordnung, ihre Reinheit, ihre Blöße. Denn kein Stern trägt einen Schleier."

Marc Aurel, Selbstbetrachtungen

Manchmal scheint es so, als hätte es das Universum ganz konkret auf uns abgesehen. Stell dir vor, du bist auf dem Weg zu einem wichtigen Termin und deshalb schon extra zwei Stunden vorher mit dem Zug losgefahren und trotzdem kommst du mit fünf Stunden Verspätung an, weil ein Stellwerk irgendwo in der Pampa einen Marderschaden hat.

Dinge wie diese sind dir garantiert auch schon in Hülle und Fülle passiert.

Vielleicht hast du dich sogar schon bei dem Gedanken daran ertappt, dass dahinter ein Plan steckt, um dich in den Wahnsinn zu treiben. Die alten Stoiker kannten diese Wahrnehmung freilich auch schon, traten ihr aber mit Meditationsübungen gegenüber, im Zuge derer sie sich des Zusammenspiels in der Natur und des Kosmos bewusstwurden. Wie es Pigliucci und Lopez in ihrem Buch "Live like a Stoic" beschreiben, ging es den Stoikern darum, die Natur zu verstehen und sie nicht für die Dinge, die uns geschehen, an den Pranger zu stellen.

Um in unserem Beispiel zu bleiben: Du hast alles richtig gemacht und bist vorsorglich früher aufgebrochen. Alles andere lag nicht innerhalb deiner vollständigen Kontrolle. Weder, dass sich irgendein Marder an den Kabeln des Stellwerks gütlich getan hat, noch dass die Reparatur einige Stunden in Anspruch genommen hat.

Schon Marc Aurel lehrt uns, einen genauen Blick ins Universum zu werfen, um das Zusammenwirken zu verstehen und unseren Platz darin zu erkennen. Diese Betrachtungsweise geht auf die Pythagoreer zurück, eine philosophische Schule, die den Lehren des Pythagoras von Samos folgte und in den zwanziger Jahren des 6. Jh. v. Chr. entstand. Die alten Stoiker betrachteten den Kosmos und die Natur in ihrer Eigenschaft als Pantheisten. Damit spiegelte sich für sie das Göttliche in der Natur wider, das in jeder Hinsicht den Regeln von Ursache und Wirkung folgte.

Auch wenn wir es in der Moderne in der Regel nicht mehr mit einem pantheistischen Weltbild zu tun haben, ist und bleibt der Kosmos ein dynamischer und lebendiger Komplex, der mehr oder weniger einfachen Regeln von Ursache und Wirkung folgt. Auch wir als Menschen sind ein kleiner Teil dieses Kosmos und spielen darin unsere Rolle. Damit sind aber auch wir Teil des Netzes aus Ursachen und Wirkung. Dahinter steckt kein tieferer Sinn oder gar eine Absicht.

Es regieren ausschließlich die urtümlichen Zusammenhänge und Gesetzmäßigkeiten eines sich dynamisch entwickelnden Kosmos. Die alten Stoiker möchten, dass wir uns mit den Regeln dieses Kosmos ganz bewusst auseinandersetzen, sodass wir uns selbst auch nur als eines von vielen Individuen wahrnehmen. Individuen, die alle denselben Regeln unterworfen sind, die alle die gleichen Erfahrungen machen und die dabei alle die gleichen Emotionen entwickeln. Letztendlich bestehen wir alle nur aus Sternenstaub.

In der heutigen Challenge geht es dementsprechend darum, die Zusammenhänge in der Natur zu erkennen und bewusst wahrzunehmen. Zu erkennen, wie komplex dieses System eigentlich ist, das wir durch unsere modernen Scheuklappen schon seit langem aus den Augen verloren haben. Wer sich ein Bild von den Zusammenhängen machen kann, gerät auch weniger schnell in die Gefahr, negative Emotionen zu entwickeln und die Natur oder das Schicksal der Verschwörung zu bezichtigen.

Übung: Versteh die Mechanismen des Lebens

Heute möchten wir uns mit einer modernen Version der **"Pythagoreischen Meditation"** beschäftigen, die schon Marc Aurel so wichtig war. Anders als zu früheren Zeiten stehen dir heute noch zahlreiche weitere Möglichkeiten offen, um die Mechanismen des Kosmos zu verstehen. In einem ersten Schritt möchte ich deine Kreativität fördern.

Mache dir Gedanken darüber, mit welchen Aktivitäten du ein tiefergehendes Verständnis über die Zusammenhänge der Natur und deinen Platz im Universum gewinnen kannst. Nimm dir dazu 5-10 Minuten Zeit und fertige eine kleine Liste von möglichen Optionen an. Stell dir am besten einen Timer. Die folgenden Beispiele können dir dabei helfen, weitere Ideen zu sammeln.

Beispiel:

» Schau dir im Fernsehen oder über einen Streaming-Dienst deiner Wahl eine Naturdokumentation an. Achte bewusst auf Regeln und Muster und wie diese in Zusammenhang miteinander stehen.

» Brich am frühen Morgen zu einem abgelegenen Ort auf und beobachte dort den Sonnenaufgang. Registriere, wie die Sonne über den Horizont steigt und gleichzeitig die Sterne zu verlöschen scheinen.

» Unternimm eine Wanderung in den Wald. Setze dich etwas abseits des Weges auf den Boden und nimm die Szenerie mit allen Sinnen wahr. Was hörst du? Was siehst du?

» Achte auf menschgemachte Zeichen, wenn du in der Natur unterwegs bist. Hast du dich schon einmal gefragt, was sie bedeuten? Recherchiere es und du wirst verstehen, warum es beispielsweise im Wald so aussieht, wie es aussieht, und in welcher Verbindung du dazu stehst!

Du siehst bereits, auf welche vielfältige Weise du diese Übung absolvieren kannst. Suche dir für deine heutige Session die Option aus, die dir am besten gefällt und die du heute am besten in deinen Alltag integrieren kannst. Langfristig am wirkungsvollsten ist die Übung, wenn du sie regelmäßig ausführst und in deinen Tagesablauf integrierst.

Schaue dir etwa die Prozesse der Natur bei der Mittagspause im Park genau an. Oder nutze den Abend auf der Couch am Samstag nicht für irgendeine kunterbunte Gameshow, sondern für eine Dokumentation. Plane für jeden Tag eine Aktion und vergegenwärtige dich dabei deines Platzes im Kosmos. Du musst dabei auch nicht ständig zwischen unterschiedlichen Aktivitäten wechseln. Wiederhole einzelne Aktivitäten gerne. Du wirst jedes Mal neue Erkenntnisse gewinnen und einen klareren Blick bekommen.

Tipp:

Führe ein einfaches Tagebuch, indem du deine Wahrnehmung jeder Übungseinheit festhältst.

Warum du diese Übung durchführen solltest

Die meisten antiken Stoiker waren der festen Überzeugung, dass das Wissen um das Wesen der Physik für die Entwicklung der Ethik unabdingbar ist. Die Welt und ihre Regeln, Zusammenhänge und Abhängigkeiten zu verstehen, ist demnach der Schlüssel, um zu wissen, wie auch man selbst leben sollte. Wie sollst du schließlich deinen Platz in der Welt finden, wenn du nicht die Grundlagen darüber präsent hast, wie sich die Welt um dich herum verhält.

Durch das Beobachten und schrittweise Erlenen der Zusammenhänge legst du die Basis für eine entscheidende Erkenntnis: Es spielt keine Rolle, mit welchen Widerständen du konfrontiert wirst und welche Probleme auftauchen. Die Welt um dich herum wird sich immer weiterdrehen. Und da du ein Teil dieses Kosmos bist, drehst auch du dich mit der Welt weiter.

Challenge 10

Werde ein lebenslanger Krieger des Geistes

"Was sind die Früchte dieser Lehrstunden? Nur der schönste und angemessenste
Ertrag der wahrhaft Gebildeten: Gelassenheit, Angstlosigkeit und Freiheit.
Wir sollten nicht den Massen trauen, die sagen, nur wer frei ist, kann gebildet sein, sondern den Weisen, die sagen: Nur die Gebildeten sind frei."

Epiktet, Lehrgespräche, 2.1.21-23a

Warum hast du dich dafür entschieden, dich mit der Stoa zu beschäftigen? Warum beschäftigst du dich mit Philosophie oder überhaupt mit neuen Dingen? Garantiert nicht, weil dir langweilig ist oder um etwas zu erfahren, was du ohnehin schon weißt. Korrekt, du möchtest lernen. Du möchtest neues Wissen erlangen, erfahren, wie die Welt funktioniert, und wie du ein gutes Leben führst.

Lernen und das Erlangen von Bildung bedeutete schon für die Stoiker der Antike inneren Frieden zu finden, die Furcht abzustreifen und Freiheit zu erlangen. Schon Epiktet brachte seinen Schülern bei, das Leben als belebtes und chaotisches Fest zu betrachten, für das wir dankbar sein sollten, denn es hat ein Ende. In diesem Bild bleibend sollten wir während dem Fest des Lebens stetig an uns arbeiten. Arbeiten, um das Fest in all seinen Facetten zu verstehen und dabei so viel Wissen wie möglich zu erlangen.

Ein klarer Ausspruch für das lebenslange Lernen auf dem Weg zu einem echten Krieger des Geistes. Als Krieger des Geistes sahen die Stoiker den Sinn des Lebens darin, die Welt aktiv zu beobachten, von ihr zu lernen und Tag für Tag daran zu arbeiten, uns selbst zu verbessern. Das passiert nicht von allein. Dafür sorgen bereits die unzähligen Ablenkungen und Versuchungen, die auf uns im Alltag lauern. Ganz im Gegenteil musst du dir bewusst Zeit für das lebenslange Lernen nehmen.

Wer dies dagegen nicht tut, bleibt unvollkommen. Noch drastischer bringt es Seneca auf den Punkt: "Muße ohne Studium ist der Tod – ein Grab für den Lebenden." Im übertragenen Sinne hat Seneca damit Recht, denn wer nicht lernt, entzieht sich der Dynamik des Kosmos. Damit wird er anfällig für negative Emotionen, die durch Dinge ausgelöst werden, die er nicht versteht und in das Gesamtbild des Kosmos einordnen kann.

Als Grundlage des lebenslangen Lernens definiert schon Marc Aurel die Fähigkeit zur Demut. "Wenn jemand mir beweisen und zeigen kann, dass ich falsch denke oder handle, so werde ich es mit Freuden ändern, denn ich suche die Wahrheit." Diesen Satz solltest du dir dick unterstreichen. Gerade in der heutigen dynamischen Zeit, in der sich die Erkenntnisse über Wahrheit und Wirklichkeit binnen Monaten ändern können, ist kaum etwas schädlicher als Starrsinn und das Leugnen der Realität, um das eigene Ego nicht infrage stellen zu müssen. Ein klarer Verstoß gegen die Lehren der Stoa.

Wie aber funktioniert lebenslanges Lernen? In der Praxis ist das heute einfacher als je zuvor. Es kommt dabei gar nicht einmal darauf an, was genau du lernst. Anders als zur Zeit der großen Stoiker ist die Welt in ihrem exponentiellen Wachstum komplexer geworden. Du solltest in der Praxis also nicht den Anspruch an dich stellen, alles verstehen zu wollen. Das entspräche im Übrigen auch wieder nicht den Prinzipien der Stoa und läge schon gar nicht im Bereich deiner vollständigen Kontrolle. Formuliere deinen Wunsch nach dem lebenslangen Lernen in der Praxis daher so, dass du ihn vollständig unter deiner Kontrolle hast. Wie wäre es mit: "Ich möchte jeden Tag etwas Neues über die Welt lernen"?

Das ist in der Praxis vergleichsweise leicht umzusetzen. So wirst du jeden Tag ein besseres Wesen deiner selbst. An einem Tag ist der Schritt größer, an einem anderen Tag kleiner. Aber an jedem Tag machst du einen Schritt vorwärts als Krieger des Geistes. Die Möglichkeiten, Neues zu erlernen und zu verstehen sind heute dank Internet riesig und zudem günstig. Ob nun kostenlos via YouTube oder Podcast, für wenig Geld via Buch, eBook oder Videokurs oder etwas kostspieliger in Form einer fundierten Fernausbildung. Die Möglichkeiten sind grenzenlos.

Mit wenigen Mausklicks lernst du von Aristoteles, Stephen Hawking, Marie Curie, Darwin und Co. Für keine Generation war das lebenslange Lernen einfacher zu erreichen. Was dagegen schwieriger geworden ist, ist die Selektion. Aus diesem Grund solltest du dir im Rahmen der heutigen Challenge über zwei Dinge klar werden. Erstens, was du überhaupt lernen möchtest. Und zweitens, wie du dein Ziel durch Aufmerksamkeit, Fokussierung und Praxiseinsatz erreichst.

Übung: Was willst du lernen?

Beim lebenslangen Lernen geht es nicht nur um die Philosophie. Es geht um Selbstentwicklung, Handfertigkeiten und neue Fähigkeiten, die dir dabei helfen, die Welt besser zu verstehen und dich in ihr zurechtzufinden. Also greife dir einen Stift und ein Blatt Papier und nimm dir 10-15 Minuten Zeit. Liste nun Dinge auf, die du in deinem Leben unbedingt lernen möchtest.

Unterteile deine Liste dabei in kurzfristige Lernziele (bis zu 6 Monate), mittelfristige Lernziele (bis zu 5 Jahre) und langfristige Lernziele (über 5 Jahre). Schreibe anschließend zu jedem Eintrag eine kurze Begründung, warum du genau diese Sache erlernen möchtest und wie (bzw. warum) sie dir dabei hilft, die Welt besser zu verstehen und gleichzeitig freier, gelassener und mit weniger Angst zu leben.

Trage diese Liste immer bei dir oder hänge sie an einem gut sichtbaren Ort in deiner Wohnung auf. Wähle als Überschrift gerne das zuvor erwähnte Zitat von Seneca "Muße ohne Studium ist der Tod – ein Grab für den Lebenden."

Übung: Weniger ist mehr

Das Lesen ist die vielfältigste Form, um neue Dinge zu erlernen. Ob es nun ein einziges Zitat, der gefilterte Sachinhalt eines Kapitels oder die Philosophie eines gesamten Buches ist. Bücher sind auch im Digitalzeitalter ein perfekter Wissensquell. In anderen Ratgebern würdest du an dieser Stelle als Challenge-Aufgabe nun etwas in der Art lesen wie: "Lies jede Woche ein Buch." Aber das Prinzip Masse statt Klasse entspricht, wie du weißt, nicht den Grundsätzen der Stoa. Nicht umsonst haben wir uns im Rahmen einer anderen Challenge bereits mit dem Grundsatz des Maßhaltens beschäftigt.

Auch wenn du noch so motiviert bist, lebenslanges Lernen zu betreiben, musst du dabei Maß halten. Andernfalls bleibt nach dem Lesen nicht viel hängen. Unter dem Strich hättest du damit nicht nur nichts gelernt, sondern auch viel deiner kostbaren Zeit verschwendet. Für diese Übung bedienen wir uns einem Konzept, das der Autor Rolf Dobelli in seinem Buch "Die Kunst des guten Lebens" mit "Weniger lesen, aber aus Prinzip doppelt" betitelt.[18]

Rolf Dobelli vergleicht die mentale Lesekapazität mit der Mehrfahrtenkarte der Schweizerischen Bundesbahn. Das bedeutet, dass auch du selbst eine mentale Lesekarte führst, die eine beschränkte Zahl an Plätzen hat, die unveränderlich ist. Diese Vorstellung verhilft dir dabei, einzuschätzen, ob das

---

[18] Dobelli, Rolf (2017): Die Kunst des guten Lebens – 52 überraschende Wege zum Glück, München: Piper-Verlag

Lesen eines spezifischen Buches deine Zeit überhaupt wert ist. Möchtest du etwas Neues mit Hilfe eines Buches erlernen, stelle dir immer erst die Frage: "Ist dieses Buch bzw. dieses Wissen es wert, dass ich dafür unwiederbringlich einen Platz auf meiner mentalen Stempelkarte opfere?"

Rolf Dobelli empfiehlt hierzu eine Bedenkzeit von maximal 10 Minuten. Danach fällt die Entscheidung – lesen oder nicht. Auf diesem Weg gewinnst du die notwendige Zeit, um dich tiefgründig mit den Inhalten der Bücher, die du tatsächlich liest, zu beschäftigen. Tatsächlich steigt die Menge der Informationen, die bei der Lektüre hängenbleiben mit jedem Lesedurchgang an. Du hast also eine klare Aufgabe: Lies jedes Buch mindestens zweimal – besser dreimal.

Wie viele Felder hat deine mentale Stempelkarte? Unsere Welt ist einfach zu komplex, um die Anzahl der Bücher, die du lesen solltest, auf 50 oder 100 für das ganze Leben zu beschränken. Zum Vergleich: Dobelli selbst beschränkt sich für die nächsten 10 Jahre auf 100 Bücher – also 10 pro Jahr. Das ist ein Ziel, das du dir durchaus auch setzen kannst. Kleiner Lifehack am Rande: Hörbücher zählen auch.

Achtung:

Unterhaltungsliteratur – sprich Romane und Comics – fallen nicht unter diese Limitierung.

Warum du diese Übung durchführen solltest

"Gib dich nicht mit dem bloßen Lernen zufrieden, denn während die Zeit vergeht, vergessen wir und tun am Ende das Gegenteil." Es gibt kaum ein passenderes Zitat von Epiktet, um den Sinn dieser Challenge zu unterstreichen. Das lebenslange Lernen ist keine bloße Theorie, die dem Selbstzweck und der Akkumulation von Wissen über die Welt dient.

Das lebenslange Lernen ebnet dir erst dann im Sinne der Stoa den Weg zu einem glücklicheren Leben, wenn du das theoretisch Erlernte (sprich das Gelesene) auch unmittelbar in der Praxis anwendest. Sei es nun eine erlernte Fremdsprache, finanzielle Bildung, häufiger "Nein" zu sagen oder der stoische Grundsatz, im Gespräch mit anderen Menschen weniger über dich selbst zu sprechen.

Unser Gehirn funktioniert wie der Fußverkehr auf dem Gelände einer Universität. Je häufiger der Trampelpfad quer über die Wiese genutzt wird, desto breiter wird er. Je breiter der Trampelpfad wird, desto eher avanciert dieser zur Hauptverkehrsader des Campus. Ähnlich ist es mit erworbenem Wissen und Verhaltensweisen. Je öfter und regelmäßiger du etwas tust, desto schneller wird es zu einem selbstverständlichen Automatismus. Das gilt sowohl für das Erlernen von bestimmten Fertigkeiten als auch für das Handeln nach den Prinzipien der stoischen Philosophie.

Challenge 11

Denke über die Tugenden anderer Menschen nach

"Willst du dir eine Freude bereiten, so richte deinen Blick auf die trefflichen Eigenschaften deiner Zeitgenossen und siehe, wie der eine ein
so hohes Maß von Tatkraft, der andere von Bescheidenheit besitzt, wie freigebig der dritte
ist usf. Denn nichts ist so erquicklich als das Bild von Tugenden, die sich in den Sitten der mit uns Lebenden offenbaren und reichlich unserem Blick sich darbieten. Darum halte es dir nun auch beständig vor Augen!"

Marc Aurel, Selbstbetrachtungen,
6. Buch, Vers 48

Beim Stoizismus dreht sich zwar vieles um uns und unseren Geist. Schließlich ist es nur unser Geist, samt allen auf die

Außenwelt gerichteten Gedanken und Werturteilen, den wir in unserem Leben vollständig unter unserer Kontrolle haben. Viele stoische Übungen zielen daher darauf ab, dein Verlangen nach externen Dingen zu reduzieren. Dabei gibt es auch externe Dinge, die nach Ansicht der Stoiker durchaus erstrebenswert sind.

Ein Beispiel: Wie oft hast du dir insgeheim schon gewünscht, so wie einer deiner Freunde bzw. eine deiner Freundinnen zu sein? Natürlich nicht wegen dem Top-Strand-Body oder dem dicken Bankkonto. Das wiederum hätten auch die Stoiker als negatives Verlangen eingeordnet. Nein ernsthaft, wie oft hättest du gerne einige gute Tugenden deiner Freunde? Die Philosophen der Stoa ermutigen uns in ihren Schriften dazu, uns tugendhafte Freunde zu suchen.

Damit noch nicht genug, denn die Stoiker hätten sicherlich vornehmlich tugendhafte Freunde genehmigt. Das gilt insbesondere für Aristoteles, der die "Freundschaft der Tugend" als die höchste Form der Freundschaft bezeichnet. Die heutige Challenge zielt folglich auf das Thema Freundschaft und Tugendhaftigkeit als Inspirationsquelle für die eigene Weiterentwicklung ab. Bevor wir zur eigentlichen Übung für heute kommen, möchte ich dich darum bitten, dass du kurz nachschaust, wie viele Freunde bzw. Follower du bei Facebook, Instagram und Co. hast.

Die Wahrscheinlichkeit ist groß, dass diese Zahl irgendwo im Bereich von 700 plus liegt. Einige knacken leicht die Marke von 1.000 "Freunden". Diese kurze Fingerübung soll dir in wenigen Augenblicken vor Augen führen, dass das Wort Freund heute wesentlich inflationärer verwendet wird als früher. Im Angesicht dieser Umstände, dass jeder flüchtige Bekannte mit wenigen Klicks als Freund bezeichnet wird, würden sich die alten Stoiker im Grabe umdrehen. Wie gut, dass es im Hades kein W-LAN gibt – aber wer weiß.

Die oberflächliche Auswahl von Beziehungen ist nicht nur ein Phänomen im digitalen Raum, sondern auch um "Real Life". Um das Ganze einmal zu vergleichen: Der Psychologe Robin Dunbar hat im Rahmen seiner Arbeiten an der theoretischen kognitiven Grenze der Anzahl an Menschen geforscht, mit denen wir eine wesentliche soziale Beziehung unterhalten können. Als wesentliche soziale Beziehung definiert ist im Zuge der sogenannten Dunbar-Zahl die Zahl der Personen, deren Namen und deren Beziehungen untereinander du kennst bzw. kognitiv verarbeiten kannst.[19]

Alles andere läuft maximal oberflächlich ab. Halte dich fest: Die Dunbar-Zahl liegt definitionsgemäß bei 150 – seltene Abweichungen zwischen 100 und 250 sind im Einzelfall möglich. Besonders interessant: Erste Studien bestätigen bereits, dass die Dunbar-Zahl ihre Gültigkeit auch in den sozialen Medien behält. Gehe nun einmal kurz den Gedanken

---

[19] Dunbar, R. I. M. (1993): Coevolution of neocortical size, group size and language in humans. In: Behavioral and Brain Sciences, Vol. 16 (4), S. 681-694

durch: Wie hoch kann der Prozentsatz der tugendhaften Menschen in einer solchen Masse sein?[20]

Spannend ist die Tatsache, dass wir selbst ein Querschnitt der Eigenschaften unserer Freunde sind. Umso wichtiger ist es, dass wir uns mit möglichst vielen tugendhaften Freunden umgeben. Freunde, an denen wir unsere eigene Tugendhaftigkeit messen, unseren Fortschritt bestimmen und an ihnen wachsen können. Aus diesem Grund nehmen positive Freundschaften im Stoizismus eine so tragende Rolle ein. Man könnte treffend zusammenfassen: Auch bei Freundschaften gilt das richtige Maß – der Klasse statt Masse.

Übung: Was bewunderst du an deinen Freunden?

Lange Rede, kurzer Sinn: Deine heutige Challenge besteht darin, dass du dir einige Minuten Zeit nimmst und über die Tugenden von Freunden nachdenkst, die du bewunderst. Keine Angst, die Menschen, die dich inspirieren, müssen nicht perfekt sein, denn allumfassend weise Menschen sind eine absolute Ausnahme. Es reicht bereits aus, wenn die betreffende Person eine einzige Tugend hat, die dich besonders beeindruckt.

---

[20] Krotoski. Aleks (2010): Robin Dunbar: We can only ever have 150 friends at most. URL: https://www.theguardian.com/technology/2010/mar/14/my-bright-idea-robin-dunbar [Stand: 17-04-2020]

Die Personen, die du im Folgenden auflistest, müssen auch nicht zwangsweise deine privaten Freunde sein. Auch Arbeitskollegen, Bekannte, Familienmitglieder oder sogar Fremde, die dir auf der Straße wegen eines besonders tugendhaften Verhaltens aufgefallen sind, sind mögliche Vorbilder für diese Übung. Folge diesem Schema und schreibe die Antworten auf:

1. Bevor du loslegst: Schätze deine Stimmung auf einer Skala von 1 (sehr schlecht) bis 10 (ausgezeichnet) ein und schreibe den Wert ganz oben auf dein Blatt.

2. Über welche Person schreibst du und in welcher Beziehung stehst du zu ihr?

3. Welchen Charakterzug bzw. welche Tugend bewunderst du an dieser Person am meisten?

4. Begründe in einigen Sätzen, warum du diesen Charakterzug dieser Person ausgewählt hast und begründe, warum diese Tugend für dich wichtig ist.

5. Bewerte abschließend nochmals deine Stimmung und schreibe den Wert auf.

Achtung Stolperfalle:

Achte darauf, dass du ausschließlich die Dinge beachtest, die vollständig unter der Kontrolle der Person stehen, über die du schreibst. Dinge, die du an der gewählten Person nicht magst oder die negativ sind, schreibst du bitte nicht auf.

Beispiel:

- » "Wie ich mich gerade fühle: 7"

- » "Ich schreibe über meinen besten Freund und Feuer-
  wehrkameraden Thorsten."

- » "Thorsten ist ein Musterbeispiel an Selbstlosigkeit
  und Empathie. Sowohl im privaten Umfeld als auch im
  Umgang mit Patienten im Einsatz versteht er es, seine
  Emotionen zurückzustellen und die Dinge zu tun, die
  getan werden müssen."

- » "Ich selbst würde mich in mancher Situation als noch
  nicht empathisch genug beschreiben. Für mich ist
  diese Tugend besonders im Hinblick auf meinen
  Dienst bei der Feuerwehr wichtig. Ich möchte von
  Thorsten lernen, um mich privat und dienstlich wei-
  terzuentwickeln."

- » "Wie ich mich nach der Übung fühle: 8"

Hinweis:

Du kannst die Übung so oft du möchtest und mit beliebig
vielen Personen durchführen.

Warum du diese Übung durchführen solltest

Schon Marc Aurel widmete dieser Übung viel Zeit. Genau genommen ist das gesamte erste Buch seiner Selbstbetrachtungen auf dieses Thema ausgerichtet. Ebenso wie für den römischen Kaiser erfüllt die Übung auch für dich gleich mehrere Ziele. Du wirst dir unter anderem dessen bewusst, mit welchen tugendhaften Menschen du umgeben bist und wie du vielleicht bereits von ihnen beeinflusst wirst.

Auf der anderen Seite hilft dir das Herausstellen der Tugenden dabei, selbst daran zu wachsen und diese Stück für Stück für dich selbst zu übernehmen. Diese Verbindung erinnert dich immer wieder daran, dass auch du selbst mit gelebten Tugenden ein wertvolles Beispiel für andere Menschen sein kannst.

Je öfter du diese Übung durchführst, und je mehr Menschen du auf diesem Weg analysierst, desto mehr hilft dir die Übung dabei, auch mit schwierigen Menschen umzugehen. Wenn du magst, kannst du die Übung einmal mit Menschen durchführen, die du persönlich wenig sympathisch findest oder mit denen du Probleme hast.

Findest du auch hier Tugenden, die du zumindest insgeheim bewunderst? Indem du erkennst, dass auch weniger symphytische Menschen tugendhaft sein können, kommst du im Alltag auch mit schwierigen Charakteren besser klar. Schließlich bekommst du so die Möglichkeit die negativen Seiten, zugunsten der Dinge, die du bewunderst, gemeinsam mit negativen Emotionen auszublenden.

Challenge 12

Nutze die Kraft eines Mantras

"Unterdrücke deine Einbildungen und sage dir bei jeder Gelegenheit: Nun steht
es doch bei mir allein, keine Bosheit, keine Begierde und überhaupt keine Leidenschaft in der Seele aufkommen zu lassen. Dagegen will ich alles nach seinem Wesen betrachten und seinem Wert
entsprechend benutzen. Vergiss nicht diese dir von der Natur geschenkte Gabe!"

Marc Aurel, Selbstbetrachtungen, 8. Buch, Vers 29

Zugegeben, dieses Zitat von Marc Aurel mag auf den ersten Blick etwas kryptisch erscheinen. Im Klartext könnte man es aber wie folgt zusammenfassen: Nutze die Kraft eines Mantras. Genau genommen ist dieses Zitat sogar ein stoisches Mantra aus einer Zeit, noch lange bevor man in Europa überhaupt etwas von den in der Kultur der Buddhisten und Hindus verwurzelten Mantras aus Fernost wusste.

Das Wort Mantra stammt im Übrigen aus dem altindischen Sanskrit und bedeutet so viel wie "heilige Äußerung". Dieses Beispiel zeigt, dass Mantras nicht nur etwas für Hobby-Esoteriker sind, die sich in der Midlife-Crisis plötzlich für Yoga und indische Malkurse interessieren. Mantras sind ein Hort mentaler Kraft, der dich zu einer bestimmten Einsicht bringt und dir eine Anleitung bietet.

Mantras sind damit immer dann eine große Stütze beim Meditieren, wenn du dich im reizüberfluteten Dauerfeuer des täglichen Lebens konzentrieren und alles ausblenden möchtest. Kein Wunder, dass schon Marc Aurel seinen Getreuen das oben aufgeführte Mantra empfahl. Vielleicht kannst du dir bereits denken, worauf die heutige Challenge hinausläuft. Bevor du dir aber dein eigenes stoisches Mantra bastelst, wollen wir uns anschauen, wieso Mantras überhaupt funktionieren.

Warum Mantras funktionieren

Mantras sind keine Zaubersprüche, die auf magische Weise funktionieren. Das gilt nicht einmal für stoische Mantras aus der Feder von Marc Aurel höchstpersönlich. Grundsätzlich gibt es drei Mechanismen, über die Mantras ihre Wirkung entfalten – jedenfalls solange du ein Mantra wählst, das für dich etwas bedeutet.

1. Ein Funktionsmechanismus des Mantras basiert auf dem **Prinzip der Verdrängung.** Das scheint einleuchtend, denn wer einen Satz konzentriert immer wieder vor sich hin spricht, hat im Kopf keinen Platz für ablenkende, sinnlose oder negative Gedanken. Ein Mantra ist damit so etwas wie ein Gedankenstopp, der negative Emotionen vertreibt und dich klar sehen lässt.

2. Wer seinen negativen Emotionen ein Stoppschild vor die Nase stellt, merkt das auch körperlich. Der zweite positive Wirkmechanismus von Mantras basiert auf der **Ausschüttung von Hormonen.** Diese fungieren als Neurotransmitter und wirken sich direkt auf dein Gefühlsleben aus. Positiv formulierte Mantras, die bedeutungsvoll sind und regelmäßig wiederholt werden, fördern positive Gedanken und führen damit zur Ausschüttung von Glückshormonen wie Serotonin. Das vertreibt negative Emotionen auch auf biochemischer Ebene.

3. Hinzu kommt eine dritte Wirkebene. Diese Wirkung kommt allerdings nur dann zustande, wenn es sich um ein bekanntes Mantra handelt oder ein solches, das von vielen Menschen gleichzeitig in einer Gruppe rezitiert wird. Für den Erfolg der Methode ist diese Ebene jedoch nicht erforderlich.

Übung: Bastle dir dein Mantra

So, spitze deinen Stift und los geht es. Heute formulierst du dir ein persönliches Mantra – oder gleich mehrere für unterschiedliche Situationen. Ob du dein persönliches Mantra später nur in Gedanken durchgehst, es wiederholt laut aufsagst oder es auf einen Zettel schreibst und gut sichtbar in deiner Wohnung platzierst, das bleibt ganz dir überlassen. Bei der Formulierung eines stoischen Mantras gilt es allerdings einige Eckpunkte zu beachten:

» **Ein gutes Mantra spricht dich immer direkt an.** So findest du einen unmittelbaren Zugang zu deinen Hirnarealen, die für deine Überzeugungen zuständig sind. Eine besonders starke Wirkung haben Mantras, die mit den Worten "ich bin", "ich kann", "ich genieße" etc. beginnen.

» **Formuliere dein Mantra mit positiven Worten.** Drücke mit deinem Mantra also aus, was du möchtest, und nicht, was du nicht möchtest. Der Hintergrund ist, dass das Unterbewusstsein keine Negierungen wahrnehmen kann. Die Aussage "Ich habe Angst vor Hunden" hat für dein Unterbewusstsein nahezu dieselbe Bedeutung wie die Aussage "Ich habe keine Angst vor Hunden". Wenn du dir mit einem Mantra die Angst vor Hunden austreiben wolltest, sollte dein

Mantra also "Ich mag Hunde" klingen. Worte wie "nicht", "nie" und Co. sind tabu.

» **Formuliere so präzise wie möglich, halte das Mantra aber kurz.** Je kürzer, desto besser gräbt es sich in dein Unterbewusstsein ein.

» **Baue keine Limitierungen in dein Mantra ein.** Worte wie "weniger", "nur" oder "höchstens" sollten nicht vorkommen.

» **Ein nach stoischer Lehre formuliertes Mantra bezieht sich niemals auf eine andere Person.** Es bezieht sich immer nur auf dich und deinen Geist, also das, was du zu 100 Prozent unter Kontrolle hast.

» **Formuliere dein Mantra immer in der Gegenwartsform.** So signalisierst du deinem Unterbewusstsein, dass der Sollzustand bereits existiert oder ein Ziel schon erreicht ist. Auf diesem Weg verankert sich der gewünschte Zustand deutlich schneller. Formuliere also nicht "Ich möchte großzügig sein", sondern "Ich bin großzügig".

Nimm dir ausreichend Zeit, um ein Mantra zu formulieren, das für dich eine starke Bedeutung hat. Wenn dir gar nichts einfällt, kannst du dich auch am eingangs aufgeführten Mantra von Marc Aurel orientieren und es nach deinen Wünschen umformulieren. Alternativ kannst du dich auch von den folgenden stoischen Mantras inspirieren lassen.

Beispiel:

"Ich mache mir erst dann Sorgen, wenn ein schweres Unglück eingetreten ist."

Dieses Mantra richtet sich gegen die Lebenszeitverschwendung durch das ständige Durchleben von Krisen und Katastrophen, die dann doch niemals eintreten. Es kann dir dabei helfen, dich auf das Hier und Jetzt zu fokussieren, anstatt dich in negativen Grübeleien zu verlieren.

"Ich genieße gute Zeiten, solange sie andauern."

Das Bewusstsein für den gegenwärtigen Moment ist eine zentrale Säule des Stoizismus. Das gilt insbesondere für die guten Momente, denn wie alles in der Natur sind sie vergänglich. Das Mantra erinnert dich daran, das Gute nicht aufzuschieben.

"Ich kann nicht wissen, wann in dieser Welt etwas Schlechtes oder Gutes passiert."

Dieses Mantra ist eine gute Option, um dir die stoische Grundhaltung in Bezug auf die Akzeptanz der Welt, wie sie ist, zu wahren. Es sagt im Grunde genommen aus: Ich mache mir keine Sorgen um Dinge, die ich ohnehin nicht zu 100 Prozent unter Kontrolle habe.

Warum du diese Übung durchführen solltest

Mantras gehören zu den schärfsten "Waffen" des Stoizismus, die schon Epiktet, Seneca und Marc Aurel gute Dienste leisteten. Sie sind in jeder Situation stets griffbereit, schnell gesprochen und situativ anwendbar. Ein gut formuliertes Mantra hilft dir dabei, dich von falschen Eindrücken zu befreien, negative Emotionen zu beseitigen und Ablenkungen loszuwerden, selbst wenn das Leben gerade über dir zusammenstürzt oder du dir selbst einmal ein mentales Stoppschild vorhalten möchtest.

Challenge 13

Suche dir ein Vorbild und trage es immer bei dir

"Wir können uns vor den meisten Sünden und Fehltritten bewahren, wenn wir einen Zeugen bei uns haben, der neben uns steht, wenn wir dabei sind, einen Fehler zu begehen. Die Seele sollte jemanden haben, den sie respektiert - jemanden, dessen Autorität selbst den heiligsten Schrein der Seele heiliger machen kann. Glücklich ist derjenige, der andere besser macht. Und das nicht nur, wenn er in ihrer Gesellschaft ist, sondern auch, wenn er nur in ihren Gedanken ist. [...] Wähle deshalb einen Cato, jemanden wie Laelius oder einen sanfteren Geist. Wähle einen Lehrmeister, dessen ganzes Leben, dessen Art zu kommunizieren und dessen Seele dich befriedigt hat. Vergegenwärtige ihn dir immer als deinen Beschützer und dein Handlungsmuster. Wir müssen alle jemanden haben, an dem wir unseren Charakter ausrichten können. Ohne ein Lineal können wir aus einer krummen Linie keine Gerade machen."

Seneca, Briefe an Lucillus, 11. Brief, Vers 9-10

Vorbilder spielen in unserem Leben schon von Kindesbeinen an eine große Rolle. Allem voran stehen unsere Eltern, an denen wir uns aufrichten. Dann etwa folgen Sportler, Lehrer, die uns geprägt haben, oder später als Erwachsene erfolgreiche Unternehmer. Auch die alten Stoiker hielten Vorbilder für bedeutend. Dahinter steht ein einfacher Grundgedanke:

Denn, wie lernen wir wirklich tugendhafter zu sein, auch wenn uns das Leben spontan wieder mit Situationen konfrontiert, in denen wir impulsiv alles andere als tugendhaft handeln würden? Die Stoiker waren der Ansicht, dass das nur durch ständiges Üben funktioniert. Dazu wählten sie sich ein Vorbild aus und stellten sich vor, dass dieses Vorbild immer als stummer Zeuge präsent ist und die eigenen Gedanken und Handlungen bewertet.

Durch Fragen wie "Was würde Zeus an meiner Stelle tun?" schufen sie sich eine Orientierung durch konsistentes, strukturiertes und tugendhaftes Handeln. In schwierigen Situationen hilft uns die Betrachtung dabei, bessere Entscheidungen

zu treffen. Bereits die im Stillen an uns selbst gestellte Frage
"Was würde mein Vorbild jetzt tun?" verpasst uns einen
mentalen Bremsklotz.

Dadurch, dass wir etwas Zeit gewinnen, verringern wir,
durch die Verlängerung der Zeitspanne zwischen dem externen Reiz und unserer Reaktion, die Gefahr von Kurzschlusshandlungen. Ganz im Gegenteil gewinnen wir Zeit, um unser Handeln bewusst zu steuern. Interessanterweise existiert
dieses Konzept des Zeugen auch heute noch im Rahmen der
beliebten Konzepte von Achtsamkeit und Resilienz weiter,
die sich starke Anleihen aus dem Stoizismus genommen haben.

Übung: Nimm Seneca auf deine Schulter

Deine heutige Aufgabe besteht darin, dir ein Vorbild zu suchen, das fortan (zumindest mental) immer auf deiner Schulter Platz nimmt und dich als Berater begleitet. Seneca und
andere Stoiker der Antike hatten immer Vorbilder wie Sokrates, Zeus, Odysseus oder auch Herakles im Kopf. Als
Grundlage für die Auswahl deines Vorbildes gilt freilich die
stoische Perspektive. Jemanden zu wählen, der ein riesiges
Haus besitzt und sich lediglich durch Reichtum definiert, ist
sicherlich kein guter Berater.

Wähle stattdessen jemanden mit einem tugendhaften, ehrenhaften und lobenswerten Charakter. Jemanden, dessen Leben nicht perfekt verlaufen sein muss, aber der im Einklang mit dem Kosmos und sich selbst zu leben scheint. Nur einen solchen Menschen kannst du frei nach Seneca zu deinem Lineal machen und dich daran aufrichten.

Ob es sich bei deiner Wahl um eine historische Figur, eine mythologische Gestalt, ein Fantasieprodukt oder eine real existierende Person handelt, spielt keine Rolle. Neben Klassikern wie Mahatma Ghandi, Nelson Mandela, Buddha, Jesus und den großen Stoikern von Epiktet bis Marc Aurel kannst du auch idealisierte Fantasieprodukte wie Superhelden wählen – natürlich nur solche, die der Tugendhaftigkeit des Stoizismus genügen.

Aber auch deine Eltern oder ein guter Freund, der dich inspiriert, können deine Vorbilder sein. Wenn du keine konkrete Person auswählen kannst oder möchtest, ist auch das kein Problem. Abstrahiere einfach eine Person auf die idealtypische Rolle, die diese Person einnimmt. Stelle dir beispielsweise die Frage: "Wie würde ein perfekter Vater in dieser Situation handeln?"

Hast du deinen mentalen Berater ausgewählt, geht es an die tägliche Praxis. Das bedeutet, dass du so viel wie möglich über diese Person lernst. Wie willst du schließlich sonst wissen, wie dein Vorbild in spezifischen Situationen gehandelt hätte? Trage dazu alle Informationen zusammen, die du bekommen kannst. Biografien etwa sind eine hervorragende Möglichkeit, um in die Tiefe vorzudringen.

In einem zweiten Schritt musst du sicherstellen, dass dir dein Berater auch immer präsent ist. Nur so bleibst du stetig in der für die Stoiker so wichtigen Übungspraxis. Schreibe dir beispielsweise dein Lieblingszitat auf und führe es immer mit dir oder klebe es an deinem Arbeitsplatz an den Rahmen des Bildschirms. Alternativ kannst du auch ein Bild oder Foto verwenden, das dich an die Fragestellung "Was würde mein Vorbild jetzt tun?" erinnert.

Zum regelmäßigen Üben gehört auch, dass du dein eigenes Handeln jeden Tag mit dem hypothetischen Handeln deines Vorbilds vergleichst. Nimm dir daher heute Abend ein wenig Zeit und überlege dir, in welchen Situationen du dich heute nicht so verhalten hast, wie du es vielleicht wolltest. Analysiere:

» Wie hätte sich mein Vorbild in dieser Situation verhalten?

» Warum ist es mir so schwer gefallen, mich idealtypisch zu verhalten?

» Was kann ich tun, um mehr wie mein Vorbild zu handeln?

Gerne kannst du diese Übung auch schriftlich durchführen und mit dem Führen eines Tagebuchs kombinieren. Zum Tagebuchschreiben kommen wir ebenfalls noch in einer weiteren Challenge.

Warum du diese Übung durchführen solltest

Vorbilder dienen nicht dazu, dass du eine 1-zu-1-Kopie aus dir machst. Dies ist auch im Sinne des Stoizismus nicht erstrebenswert. Vielmehr soll dir die Übung dabei helfen, über Bereiche in deinem Leben, deinem Verhalten und deinem Denken nachzudenken, in denen du dich als Mensch verbessern kannst. Immer dann, wenn du dich mit dem Verhalten einer Person identifizierst, die du für ihre Tugendhaftigkeit bewunderst, siehst du vor dir die Blaupause für dein eigenes Verhalten. Je häufiger und länger du den Zeugen auf deiner Schulter als Berater zu Wort kommen lässt, desto trittsicherer wirst du auf dem langen Weg zur besten Version deiner selbst.

Challenge 14

Brich aus deiner Komfortzone aus

"Die Dinge, die uns herausfordern, scheinen zunächst oft unüberwindbar. Aber ich habe aus all diesen Jahren des Trainings eines gelernt. Aus all diesen Sätzen und unzähligen Wiederholungen: Was ich gelernt habe, ist, dass wir immer stärker sind als wir glauben. Sowohl der Widerstand im Training als auch der Widerstand im realen Leben führt ausschließlich
zur Bildung eines starken Charakters."

Arnold Schwarzenegger

Du fragst dich, wie sich ausgerechnet ein Bodybuilder wie der mehrfache Mr. Olympia in die Riege der großen Stoiker gemogelt hat? Das liegt gleich an mehreren Aspekten. Auch wenn Arnold Schwarzenegger sicherlich nicht zu den Menschen gehört, die du mit Philosophie in Verbindung bringen würdest, verbirgt sich hinter der Fassade des "Terminators", die auf manchen alles andere als tugendhaft wirkt, viel mehr.

Arnold Schwarzeneggers Biografie "Total Recall" ist eine echte Leseempfehlung und ein Paradebeispiel für die "Wahrheit hinter der Wirklichkeit" eines Menschen.[21] Punkt zwei, warum das Eingangszitat für die heutige Challenge nicht von Epiktet oder Seneca, sondern von einem Bodybuilder, Schauspieler und Politiker stammt, ist die Beweisführung, dass angewandte stoische Philosophie nicht nur etwas für Denker im stillen Kämmerlein ist, sondern auch heute noch zu bahnbrechenden Erfolgen führen kann.

Ferner lässt sich an dieser Stelle ein allegorischer Brückenschlag vollführen. Es geht um das Verlassen der eigenen Komfortzone. Nur, wer sich regelmäßig mit unangenehmen Dingen konfrontiert und den Schutz des Angenehmen verlässt, kann daran wachsen. So gesehen sind unser Charakter und unsere Tugendhaftigkeit wie ein Muskel.

Ein Muskel, der stets nur im Bereich seiner komfortablen Leistungsfähigkeit trainiert wird, wird sich niemals fortentwickeln und größer oder kräftiger werden. Schlimmer noch: Der menschliche Organismus ist durch die Evolution auf eine solche Effizienz ausgelegt, dass der Körper heimlich still und leise Bausteine aus der Muskulatur entzieht, da

---

21 Schwarzenegger, Arnold (2012): Total Recall - My unbelievably true life story, New York: Simon & Schuster

diese nicht ausgelastet wird. Am Ende werden wir, ohne dass wir es merken, schwächer.

Das gleiche Prinzip greift auch dann, wenn wir unseren Charakter und unsere Tugenden nicht ausreichend trainieren und uns stattdessen immer in der Komfortzone aufhalten. Während die in vielen Lebensratgebern aufgetane Forderung nach dem Verlassen der eigenen Komfortzone oberflächlich bleibt und nur auf beruflichen Erfolg gemünzt ist, meinten es die Stoiker vor gut 2.000 Jahren tatsächlich wörtlich. Anleihen nahmen die Stoiker dabei an der philosophischen Schule des Epikureismus, der mit voller Absicht ein Leben in Armut predigt, um zum vollständigen Glück zu gelangen.[22]

Anders als die Epikureer setzten die Stoiker nicht auf ständige Armut. Sie verwendeten den zeitweisen Ausbruch aus der Komfortzone, um sich gegen die unangenehmen Situationen, die das Leben bereithält, abzuhärten. Durch das absichtliche Erleben von Unannehmlichkeiten sollte sich der Geist daran gewöhnen, was zu einem glücklichen Leben wirklich notwendig ist. Im Gegenzug förderte diese Technik die Gelassenheit im Alltag.

Damit auch die Fähigkeit, Ärger über Nichtigkeiten und den damit verbundenen Schwall negativer Emotionen im Zaum

---

[22] Hossenfelder, Malte (2013): Antike Glückslehren. Quellen zur hellenistischen Ethik in deutscher Übersetzung (= Kröners Taschenausgabe. Band 424), 2. Aufl., Stuttgart: Kröner

zu halten. Im Buch "Stoizismus - Die Tugenden und Prinzipien der Stoa verstehen und im Alltag anwenden" findest du ein konkretes Beispiel dafür, wie dünn unser Nervenkostüm durch unseren Lebenskomfort rational betrachtet bereits geworden ist.

In einer Szene wird anhand des Wartens an der Kasse beschrieben, wie schnell wir heute bereits wegen völlig irrelevanten Dingen in Rage geraten oder uns wegen nichtigen Angelegenheiten Sorgen machen. Wahrscheinlich kennst du es auch aus deiner eigenen Erfahrung, welcher Stress an den Kassen herrscht, wenn der Kassierer alle Zeit der Welt hat, keine der drei EC-Karten des Kunden vor dir funktioniert, eine ältere Dame ihren Wocheneinkauf scheinbar mit Cent-Münzen bezahlt oder es an der Kasse Sonderwünsche gibt. Die Kombination aus Komfortverlust und Ungeduld führt zu Stress und negativen Emotionen, die sich mit der Fortdauer der Situation potenzieren. Diese Situation lässt sich auf viele Bereich unseres Lebens übertragen. Läuft etwas auch nur geringfügig außerhalb unserer erwarteten Komfortzone droht gleich Stress.[23]

Und, hast du dich wiederentdeckt? Reagierst du auch häufig wegen Nichtigkeiten über oder machst dir deswegen Sorgen, die negative Gedanken triggern, dich in deinem Lebensglück beeinträchtigen und dich am Fortkommen hindern? Mit der heutigen Challenge kannst du genau daran arbeiten, indem

---

[23] Feldtner, Maximilian (2020): Stoizismus – Die Tugenden und Prinzipien der Stoa verstehen und im Alltag anwenden, S. 121

du aus deiner selbst definierten Komfortzone ausbrichst und dein Nervenkostüm stärkst.

Übung: Mir geht es gut, weil...

Im Rahmen dieser Challenge wirst du selbst einige Perioden der Armut simulieren. Da jeder Mensch seine individuelle Komfortzone hat, ist auch deren Ende nicht universell definiert. Während das Ende der Komfortzone bei einigen schon dann erreicht ist, wenn für 10 Minuten das Internet ausfällt, ist es bei anderen erst beim täglichen Duschen mit eiskaltem Wasser soweit.

Bevor wir uns damit beschäftigen, auf welchem Weg du deine Komfortzone verlässt, zunächst eine kleine Fingerübung. Diese soll dir vor Augen führen, wie gut es dir eigentlich geht und auf welch hohem Niveau du über Kleinigkeiten jammerst und dich wegen Nichtigkeiten von negativen Emotionen beherrschen lässt. Schreibe mindestens 25 Dinge nach dem Muster "Mir geht es gut, weil ..." auf:

Beispiel:

» Mir geht es gut, weil ich ein Dach über dem Kopf habe.

» Mir geht es gut, weil ich nur 40 Wochenstunden arbeiten muss.

» Mir geht es gut, weil ich in Europa lebe.

» ...

Jetzt kehre alle deine Aussagen ins Gegenteil um und stelle dir vor, wie du dich fühlst. Nicht besonders gut, oder? Erschwerend kommt hinzu, dass sich nahezu alle aufgelisteten Umstände nicht unter deiner Kontrolle befinden. Genau darauf wollten die Stoiker mit ihrer "temporären Armut" hinaus. Du sollst dich glücklich schätzen über das, was du hast. Hier kommt auch wieder die stoische Komponente des Perspektivwechsels ins Spiel.

Immerhin haben Millionen Menschen kein Dach über dem Kopf, müssen 80 Stunden pro Woche arbeiten und leben bei prekärer medizinischer Versorgung in der Sahelzone. Was also kann dir in deiner aktuellen Lebensrealität passieren, was wirklich schlimm ist und über das es sich aufzuregen lohnt? Die Liste ist im Vergleich zu den alltäglichen Nichtigkeiten verschwindend kurz.

Übung: Schlaf doch mal auf dem Fußboden

Jetzt geht es darum, das Ganze in die Praxis umzusetzen. Definiere Dinge, die du selbst nicht nur heute, sondern regelmäßig umsetzen möchtest, um deine Komfortzone zu verlassen. Lass dich ruhig von den antiken Stoikern inspirieren. Sie liefen etwa eine Woche barfuß oder schliefen nicht im weichen Bett, sondern auf dem harten Boden. Du kannst gerne versuchen, die in Übung 1 von dir aufgeschriebenen

Punkte ins Gegenteil zu verkehren. Anbei einige Anregungen für den modernen Alltag:

- » Dusche für eine Woche nicht mit angenehm warmem, sondern mit kaltem Wasser.

- » Verzichte an einem Tag pro Woche auf das Internet. Am besten an einem freien Tag, an dem du das Internet auch nicht beruflich nutzt.

- » Verwendete einen Tag lang keine Dinge, die Strom benötigen.

- » Fahre kurze Strecken nicht mehr mit dem Auto, sondern gehe zu Fuß oder fahre mit dem Fahrrad.

- » Faste zweimal pro Monat für jeweils einen ganzen Tag.

Durch diese Übung lernst du, die Wichtigkeit der Dinge neu einzuordnen. Dir wird schnell auffallen, wie dankbar du für die Vorzüge bist, die du genießen kannst. Denke daran, diese sind vergänglich.

Warum du diese Übung durchführen solltest

Das Praktizieren von Komfortverlust hilft dir gleich auf mehreren Ebenen dabei, gelassener zu werden. Es geht nicht nur um die alltäglichen Kleinigkeiten, über die du ohnehin keine Kontrolle hast. Schon die Stoiker wussten, dass zu einem guten Leben auch das Versagen untrennbar dazugehört. Viele Menschen können u. a. durch Erwartungsdruck nicht mit dem Gedanken umgehen, zu scheitern, und entwickeln dementsprechend große Ängste, die sie lähmen.

Ängste, die sie lähmen, schwere Aufgaben anzugehen und an ihren eigentlichen Zielen zu arbeiten. Um zum Schluss noch einmal den Bogen von Arnold Schwarzenegger zur Nervenstärke zu spannen: Ohne (Muskel-) Versagen kann es kein Wachstum geben. Wenn du also immer in deiner Komfortzone bleibst, wirst du niemals wachsen, sondern schneller von Emotionen übermannt und in schwierigen Situationen mit Furcht reagieren.

Durch verschiedene Techniken des Ausbruchs aus der Komfortzone erkennst du, wie wenig es eigentlich ist, was ein gutes Leben ausmacht. Wer das weiß, schreckt nicht davor zurück, die Dinge zu tun, die getan werden müssen – und das stets mit klarem Kopf und nicht als Sklave negativer Emotionen.

Challenge 15

Entwickle eine Morgenroutine

"Wenn du morgens aufstehst, sage zu dir: Ich werde auf Wichtigtuer, Undankbare, Egomanen, Eifersüchtige und Sonderlinge treffen. Sie alle sind von diesen Leiden
betroffen, weil sie den Unterschied zwischen Gut und Böse nicht kennen."

Marc Aurel

Dieses Zitat ist keine Aufforderung, dass du dich an jedem Morgen als wandelnder Moralapostel zum Kampf gegen die ganze Welt wappnest. Es ist ein Beispiel für eines der Morgenrituale von Kaiser Marc Aurel. Zweifelsfrei ein für ihn absolut passendes Morgenritual, sich dessen bewusst zu werden, welche Art von Menschen sich im Zirkel der Macht bewegen. Ferner erinnerte es Marc Aurel daran, sich stets selbst in diesem Kontext zu reflektieren und mit schwierigen Menschen tugendhaft umzugehen.

Zum Thema Umgang mit schwierigen Menschen kommen wir im Übrigen auch noch im Rahmen einer weiteren Challenge. Warum aber überhaupt ein Morgenritual? Tatsächlich waren Morgenrituale für die Stoiker enorm wichtig. Der Morgen – und insbesondere der frühe Morgen – ist die Zeit, zu der ein Großteil der Welt noch schläft. Ideale Bedingungen also für eine Selbstreflexion bezüglich des vergangenen Tages und die innere Einkehr. Nicht umsonst haben viele gesellschaftlich angesehene und wirtschaftlich erfolgreiche Menschen ein festes Morgenritual.

Dir einfach bei Tagesanbruch die Zeit zu nehmen, um in dich zu schauen. Das ist es, wofür die Stoiker kämpften und wovon sie als Hilfsmittel überzeugt waren. Das Ansinnen hinter der Morgenroutine ist, dass du jeden Tag deinem Ziel einen Schritt näherkommst. Welche Art von Morgenroutine du wählst, bleibt dir überlassen. Während es für einige der Sport ist und andere lieber meditieren, nutzen wiederum andere das erste Licht des Tages für eine schriftliche Selbstreflexion anhand eines Fragenkatalogs. Auch der große Epiktet gehörte zu den Verfechtern der schriftlichen Reflexion:

"Stelle dir als Erstes am Morgen folgende Fragen:

> » Was fehlt mir, um mich von Leidenschaft zu befreien?

> » Wie steht es um meine Gelassenheit?

» Was bin ich? Ein reiner Körper, ein Besitzender, ein guter Ruf? Nichts davon.

» Was dann? Ein vernunftgesteuertes Wesen.

» Was wird dann von mir verlangt? Bedenke deine Handlungen.

» Wie konnte ich aus der Ruhe gebracht werden? (Anm. Reflexion des Vortags)

» Was habe ich getan, was unfreundlich, unsozial oder unaufmerksam war?

» Was habe ich bei all diesen Dingen unterlassen?"[24]

Übung: Deine Morgenroutine

Deine heutige Aufgabe wird es sein, für dich selbst eine passende Morgenroutine zu entwickeln und deren Wirksamkeit an jedem Abend kurz zu überprüfen. Die acht Fragen, die sich Epiktet jeden Morgen aufs Neue stellte, sind sicherlich eine gute Option für den Einstieg. Sie verknüpfen die Reflexion des vergangenen Tages mit der Planung für den aktuellen Tag. Du musst diese Fragestellungen nicht im Wortlaut für dich übernehmen. Gerne kannst du sie auch umformulieren oder eigene Fragen entwickeln. Wie wäre es etwa mit: "Was brauche ich, um Ruhe zu erlangen?" oder "Welche Hebel muss ich in Bewegung setzen, um mich von negativen Emotionen zu befreien?"

---

[24] Epiktet, Lehrgespräche, 4.6. 34-35

Viele Menschen dagegen schwören auf die Kraft eines Tagebuches. Dabei reicht der Prozess des Aufschreibens von Gedanken, Hoffnungen und Ängsten bereits aus, um den Kopf klar für den Tag zu bekommen. Andere wiederum stehen noch vor dem Sonnenaufgang auf, um eine Runde joggen zu gehen und an einem Ort ihrer Wahl jeden Tag den Sonnenaufgang zu erleben. Es kann aber auch das zehnmalige Aufsagen deines Mantras sein, das du im Rahmen einer vorherigen Challenge bereits entwickelt hast.

Am Ende des Tages folgt schließlich der mentale Kassensturz, der schon für die alten Stoiker entscheidend war. Beantworte dir selbst am besten schriftlich die folgenden Fragen:

» War meine Morgenroutine hilfreich?

» In welcher Situation war mir meine Morgenroutine heute eine Stütze?

» Was könnte ich tun, damit meine Morgenroutine noch mehr Wirkung zeigt?

» Wie steht es um meine emotionale Gelassenheit (Skala 1-10).

Bewerte anhand deiner Antworten die Wirksamkeit deiner Morgenroutine. Ferner dient dir die Überprüfung als Vergleichsmaßstab für deinen täglichen Fortschritt und die

Stellschrauben, an denen du für die Optimierung noch drehen musst.

Warum du diese Übung durchführen solltest

Auch wenn nicht jedes Morgenritual explizit auf die Verbesserung einer spezifischen Charaktereigenschaft im Sinne der stoischen Tugenden ausgerichtet ist, so steht die regelmäßige Durchführung der Morgenroutine doch unter einer Zielsetzung: Wir gewinnen ein wenig Zeit, um unsere Gedanken freizuschaufeln und in uns zu kehren, bevor uns der Sturm des Alltags wieder übermannt. Grundsätzlich ist alles als Morgenritual erlaubt, was dich positiv stimmt und dir einen gewissen mentalen Freiraum schafft. Wichtig ist ausschließlich, dass du diese Übung konsequent und regelmäßig ausführst. Und zwar ein Leben lang.

Challenge 16

Halte dir mit einem Tagebuch den Spiegel vor

"Ich will mich ständig unter Beobachtung halten und - was am sinnvollsten ist - jeden Tag reflektieren. Denn was uns schlecht macht, ist, dass niemand von uns auf unser Leben zurückschaut. Wir beschäftigen uns nur mit dem, was wir gerade vorhaben. Und dabei stammen doch unsere Pläne für die Zukunft aus der Vergangenheit."

Seneca, Moralische Briefe, 83.2

Die drei großen Stoiker Epiktet, Seneca und Marc Aurel könnten nicht unterschiedlicher sein. Seneca der Dramatiker und Naturforscher, Epiktet der Sklave und Marc Aurel der

Philosophenkaiser auf dem Thron des Weltreichs Rom. Eines hatten alle drei doch gemeinsam: Sie führten ein Tagebuch und richteten damit den Blick in ihr Inneres, um zu reflektieren. Und tatsächlich gehört das Anfertigen eines Tagebuchs zu den unter Stoikern verbreitetsten Werkzeugen.

Daran hat sich bis heute nichts geändert. Auch erfolgreiche Unternehmer wie Tim Ferris schwören noch heute auf die Kraft, auf stoische Weise ein Tagebuch zu führen. "Could bitching and moaning on paper for five minutes each morning change your life? As crazy as it might seem, I believe the answer is yes."[25]

Über eines waren sich die drei über die Jahrhunderte hinweg dann doch wieder nicht einig: Den idealen Zeitpunkt und die Methode zum Anfertigen des Tagebuchs. Wie uns das Werk "Selbstbetrachtungen" lehrt, bevorzugte Marc Aurel die Morgenroutine. Seneca dagegen brachte seine Gedanken am Abend zu Papier, wobei er dies in seinen Briefen recht pragmatisch begründet:

"Wenn das Licht ausgeht und meine Frau in den Schlaf sinkt, dann ist meine Zeit, in der ich durchgehe, was ich am Tag getan und gesagt habe. Ich verberge vor mir nichts und überspringe nichts." Beide Varianten haben ihre eigenen Vor- und Nachteile. Das wusste auch schon Epiktet, der sein Tagebuch sowohl am Morgen als auch am Abend mit seinen Gedanken gefüttert haben soll.

---

[25] Ferriss, Tim (2015): What My Morning Journal Looks Like. URL: https://tim.blog/2015/01/15/morning-pages/ [Stand: 25-04-2020]

Wenn du dein persönliches stoisches Tagebuch verfasst, ist nicht notwendig, ein blumiges Werk zu verfassen wie Marc Aurel. Es geht ganz im Sinne Senecas schlicht darum, die Handlungen und Gedanken des Tages zu reflektieren und dadurch Seelenfrieden zu finden. In unserem stoischen Tagebuch sollten wir darüber reflektieren, was wir getan haben, wie wir aus unseren Fehlern lernen können und wie wir die Dinge in Zukunft besser anpacken.

Wichtig ist, dass du dich hier nicht selbst für deine Fehler verurteilst, sondern dir frei nach Seneca dafür verzeihst und in die Zukunft blickst. Immerhin liegen deine Taten in der Vergangenheit und damit nicht mehr im Bereich deiner Kontrolle. Deine zukünftigen Handlungen und Gedanken dagegen schon. Dich für Vergangenes zu verurteilen, widerspräche also der Dichotomie der Kontrolle. Unterstützt wird diese Ansicht in Bezug auf das produktive Lernen aus Fehlern knapp 2.000 Jahre später auch von der modernen psychologischen Forschung.[26]

Heute kennt man diese häufig auch als Abendmeditation der Stoiker bezeichnete Technik auch unter dem psychologischen Fachterminus "Cognitive Journaling". In diesem Zusammenhang stellt der Psychologe Maud Purcell im Artikel "The Health Benefits of Journaling" für das Fachportal

---

[26] Neff, Kristin D.; Kirkpatrick, Kristin L.; Rude, Stephanie S. (2007): Self-Compassion and Adaptive Psychological Functioning. In: Journal of Research in Personality, Vol. 41 (1), S. 139-154

Psych Central heraus, dass die stoische Form des Tagebuch-
führens fünf Vorteile mit sich bringt:[27]

1. **Deine Gedanken und Gefühle klären sich auf:** Innerhalb weniger Minuten nimmst du engen Kontakt mit
   deinem Innenleben auf und kühlst negative Gefühle
   wie Wut oder Angst herunter.

2. **Du lernst dich selbst besser kennen:** Durch das regelmäßige Aufschreiben deiner Taten, Gedanken und
   Gefühle sowie das Reflektieren deiner mentalen
   Fortschritte erkennst du, was dich glücklich und un-
   glücklich macht. Du erkennst außerdem, welche Personen förderlich und welche nicht förderlich für dich
   sind.

3. **Du reduzierst Stress:** Wer über negative Gefühle wie
   Wut, Hass oder Traurigkeit schreibt, lernt dadurch
   die Intensität dieser Emotionen zu reduzieren. Das
   hilft dir dabei, gelassener zu bleiben und mit deinen
   Gedanken in der Gegenwart zu verweilen.

4. **Du löst Probleme effizienter:** Wie Purcel schreibt, ist
   an Problemlösungsprozessen meist hauptsächlich die
   linke Gehirnhälfte beteiligt. Durch das Schreiben
   über Probleme und Emotionen wird demnach auch
   die rechte Gehirnhälfte zunehmend aktiviert. Das

---

[27] Purcell, Maud (2020): The Health Benefits of Journaling. URL:
https://psychcentral.com/lib/the-health-benefits-of-journaling/ [Stand:
30-04-2020]

setzt zusätzliche Kapazitäten für die Problemlösung
frei.

5. **Du löst Unstimmigkeiten mit anderen Menschen
leichter auf:** Wenn du über Meinungsverschieden-
heiten mit anderen Menschen schreibst, nimmst du
nach dem stoischen Prinzip eine andere Perspektive
ein, die dir den entscheidenden Hinweis für die Auf-
lösung des Konflikts geben kann.

Übung: Schriftliche Selbstrefle-
xion

Heute wird es deine Aufgabe sein, den Abend dafür zu nutzen, um deinen Tag mithilfe eines Tagebuchs zu reflektieren. Diese Aufgabe ist natürlich keine einmalige Sache. Ihre
Wirkung kann sie nur entfalten, wenn du sie täglich ausführst. Nur so erkennst du Probleme, siehst, ob du deine for-
mulierten Ziele erreicht und wie du dich weiterentwickelt
hast.

Mit dieser Abendmeditation wollten die Stoiker weder eine
Auflistung ihres Tages anfertigen noch eine To-do-Liste für
den kommenden Tag aufstellen. Die Perspektive ist stets auf
dein Inneres gerichtet. Aussagen wie "Ich bin viel schneller
darin geworden, meine Buchhaltung zu erstellen" haben hier
nichts verloren. Fokussiere dich auf Fragestellungen, die die

Entwicklung deines Charakters anhand der Eckpunkte Weisheit, Gerechtigkeit, Beherztheit und Besonnenheit beleuchten.

Damit du bei dieser besonderen Form des Tagebuchs nicht in die Oberflächlichkeit abdriftest, geben dir Seneca und Epiktet gleich mehrere Fragen an die Hand, die du täglich beantworten kannst. Nimm dir ein Blatt Papier und schreibe die folgenden Fragen darauf:

» Epiktet: "Was habe ich heute Falsches getan?"

» Epiktet: "Was habe ich heute richtig gemacht?"

» Seneca: "An welcher schlechten Eigenschaft (Handlung) habe ich heute gearbeitet?"

» Seneca: "An welchem Laster (z. B. Gedanken, Emotionen) habe ich heute gearbeitet?"

» Seneca: "In welcher Hinsicht bin ich heute eine bessere Person als gestern?"

» Epiktet: "Woran sollte ich in der Zukunft weiter arbeiten?"

» Epiktet: "Welche Aufgaben habe ich noch nicht erledigt?"

Lass nach allen Fragen ein wenig Platz, um jeweils ein paar Sätze dazu zu schreiben. Fertige am besten gleich einige Kopien an. Du möchtest die Fragen schließlich nicht jeden Tag

aufs Neue aufschreiben, bevor du sie in aller Ruhe beant-
wortest. Die sechs Fragen der alten Stoiker sind lediglich das
Grundgerüst, das du selbst ergänzen kannst, um deine täglichen Erfahrungen zu reflektieren. Um dir die Entwicklung
eigener Fragen zu erleichtern, empfiehlt Jonas Salzgeber in
seinem Buch "Das kleine Handbuch des Stoizismus" die sogenannte "Gut-besser-am-besten-Übung".[28] Gehe bei der
Formulierung und Beantwortung eigener Fragen immer die
folgende Kaskade durch:

> » Gut: Was habe ich heute gut gemacht?

> » Besser: Wie könnte ich mich verbessern oder was
> könnte ich verbessern?

> » Am besten: Was muss ich tun, um die beste Version
> von mir selbst zu sein?

Warum du diese Übung durchführen solltest

Das regelmäßige Tagebuchführen dient gleich mehreren
Dingen. Schon Seneca bezweckte damit die Verarbeitung
seiner Gedanken, um ruhiger und friedlicher schlafen zu
können. Allein das Bewusstsein, dass du dir selbst jeden
Abend in schriftlicher Form den Spiegel vorhalten wirst,
führt dazu, dass du die dich belastenden negativen Emotionen abkühlst. Gleichzeitig ist das Reflektieren über deine

---

[28] Salzgeber, Jonas (2020): Das Kleine Handbuch des Stoizismus - Zeitlose Betrachtungen, um Stärke, Selbstvertrauen und Ruhe zu erlangen,
3. Aufl., München: Finanzbuch, S. 159

Handlungen und Gedanken aus der Vergangenheit die Grundlage für dein charakterliches Wachstum.

Die stetige Reflexionsroutine schult zudem deine Aufmerksamkeit und Achtsamkeit und ist damit die Grundvoraussetzung, um Stoizismus überhaupt erfolgreich praktizieren zu können. Nur wer sich jederzeit seiner Handlungen bewusst ist und weiß, was er falsch gemacht hat, kann auch zu einem besseren Menschen werden. Ferner unterstützt dich das Nachdenken über gemachte Fehler dabei, Pläne für die Verbesserung auf dem Weg zur besten Version deiner selbst zu schmieden.

Challenge 17

Halte dich stets an die Fakten

"Es wäscht sich jemand eilig. Sag nicht:
er wäscht sich schlecht, sondern: er
wäscht
sich eilig. Es trinkt jemand viel Wein.
Sag nicht: das ist schlecht, sondern:
er trinkt viel. Denn bevor du den Grund
seiner Handlungsweise durchschaust -
woher weißt du denn, ob er schlecht
handelt? So wird es dir nicht passieren,
dass
du von einigen Dingen untrügliche
Sinneseindrücke gewinnst, andern aber
voreilig deine Zustimmung gibst."

Epiktet, Handbüchlein der Moral, 45

In den postfaktischen Zeiten, in denen Fake-News hohe
Wellen schlagen und Aufmerksamkeit scheinbar wichtiger

als die Faktenlage ist, kommen wir um das Thema Fakten natürlich auch nicht herum. Wie wir an mehreren Stellen festgestellt haben, haben die antiken Stoiker schon etliche Probleme unserer Zeit vorweggenommen und kannten bereits die Lösungen dafür. Wohl ein klarer Beweis für die Tatsache, dass die menschliche Gesellschaft trotz allem technischen Fortschritt in ihren Grundfesten heute noch auf die gleiche Weise funktioniert wie vor 2.000 Jahren.

Nicht umsonst ist der Zweifel an den Werturteilen, die wir treffen, ein fundamentaler Grundsatz des Stoizismus. Die Stoiker gehen davon aus, dass die meisten Werturteile, schlicht falsch sind. Diesen falschen Urteilen zuzustimmen führt unweigerlich zu negativen Emotionen oder für uns ungesunden Handlungsreaktionen. Das gilt vor allem in Bezug auf Werturteile über Menschen und Gruppen von Menschen. Deine erste Aufgabe besteht darin, dir die folgende Geschichte anzuhören:

Übung: Wahrheit oder Wirklichkeit

Deine Wahrheit

Stell dir vor, du lebst in einer durchschnittlichen Kleinstadt und bist dort nach der Arbeit mit dem Auto unterwegs. Die Straße ist weitgehend frei und es dämmert bereits. Du bist rund 100 Meter von der zu deiner Linken gelegenen Ausfahrt eines Getränkemarktes entfernt, an der das Abbiegen nur in Fahrtrichtung rechts erlaubt ist. Du fährst also weiter.

Als du noch gut 30 Meter von der Ausfahrt entfernt bist, biegt mit quietschenden Reifen ein tiefergelegter VW Golf Baujahr 2002 verkehrswidrig links auf deine Fahrbahn ab und nimmt dir damit die Vorfahrt. Du beginnst damit, wild zu hupen und den Mittelfinger in die Höhe zu recken. "Was für ein primitiver ... Nichts in der Schule gelernt und nur sein ... Auto im Kopf. Das Nummernschild habe ich mir gemerkt du ..., die Anzeige ist gebucht."

Mit einer Heidenwut im Bauch fährst du nach Hause. Dort angekommen beginnst du gleich mit deiner Tirade, indem du die Situation noch einmal wild fuchtelnd vor deiner Partnerin und deinen Kindern durchlebst. Bestätigendes Nicken. Und, wie fühlst du dich?

Die Wirklichkeit

In einem Getränkemarkt an der Kasse sitzt ein junger Mann. Am Gürtel trägt er stets eine kleine Tasche bei sich. Als der junge Mann gerade eine Kundin bedient, schrillt ein Gerät in der kleinen Tasche los. Der Mann springt sofort von der Kasse auf und sprintet zu seinem Fahrzeug auf dem Mitarbeiterparkplatz.

Während er den Motor startet, wirft er einen Blick auf den Funkmeldeempfänger. Dort ist zu lesen "TH3 - VU - Eingeklemmte Person". Es muss schnell gehen. Also will der Mann verkehrswidrig links abbiegen. Das verkehrstechnisch korrekte Verhalten würde ihn mindestens zwei Minuten kosten - schalten die beiden Ampeln auf der Strecke auf Rot, noch deutlich mehr.

Da noch genügend Raum zum Herausfahren ist, biegt der junge Mann mit durchgetretenem Gas vor einem Wagen heraus, der noch gut 30 Meter entfernt ist. Er hört das Hupen und sieht im Rückspiegel, wie der Fahrer des Fahrzeugs wild gestikuliert und ihm den Stinkefinger zeigt. Der junge Fahrzeuglenker nimmt es hin, er wird gebraucht, um Menschenleben zu retten.

Am nächsten Morgen sitzt du am Frühstücks-
tisch und hörst die Nachrichten:

"Am gestrigen Abend kam es auf der Bundesstraße B77 zu
einem schweren Verkehrsunfall. Aus bisher ungeklärter Ursache geriet ein 76-Jähriger in den Gegenverkehr und stieß
dort frontal mit dem Pkw einer jungen Mutter zusammen.
Zwei weitere entgegenkommende Fahrzeuge konnten
ebenfalls nicht mehr ausweichen. Nur dem schnellen Ein-
greifen der Freiwilligen Feuerwehren ist es zu verdanken,
dass die Frau und ihre beiden schwer eingeklemmten Kinder
den Zusammenprall überlebt haben. Und nun das Wetter ..."
Und, wie fühlst du dich?

Epiktet erinnert uns daran, dass wir in der Regel nicht genug
über andere Personen und ihre Motive wissen, als dass wir
uns ein Werturteil erlauben könnten. Ja, vielleicht ist der Typ
in seinem VW Golf vor dir ein simpel gestrickter Blödmann,
der nichts anderes im Kopf hat, als mit seinem Heizölferrari
den Sebastian Vettel zu spielen. Vielleicht ist es aber auch
der freiwillige Feuerwehrmann, der in seiner Freizeit ehren-
amtlich Menschenleben rettet.

Fakt ist: Du kannst es nicht wissen, denn es gibt so viele potenzielle Faktoren, die eine Situation beeinflussen. Und was
macht es für dich überhaupt für einen Unterschied? Die Stoiker raten uns dazu, unsere Zeitgenossen mit einem wohl-
wollenderen Blick zu betrachten und, wenn möglich, einen
Perspektivwechsel vorzunehmen. Epiktet gibt uns an dieser
Stelle den guten Rat mit auf den Weg, unsere Gedanken

140

möglichst objektiv zu halten, zu neutralisieren und Wertungen möglichst herauszustreichen.

Aus dem "Blödmann, der dir die Vorfahrt genommen hat – und das auch noch gegen die StVO" wird einfach "jemand, der schnell irgendwohin muss" – der Grund ist egal. Die praktische Umsetzung ist schwer, denn gerade im Alltag reagieren wir schnell impulsiv. Regelmäßig praktiziert, bringt uns das Verbannen von Werturteilen jedoch dazu, dass wir nachsichtiger auf andere Menschen sehen, uns seltener aufregen und letztendlich ein gelasseneres und glücklicheres Leben haben.

Übung: Vermeide wertende Sprache

Deine erste Übung heute bestand darin, dass du dich mit einer Geschichte in eine Alltagssituation hineinversetzt, die gar nicht so eindeutig war, wie sie dir vielleicht erschienen ist. Bedenke das, wenn du das nächste Mal mit dem Auto unterwegs bist. Die zweite Übung besteht nun darin, dass du heute alle wertgeladenen Formulierungen vermeidest, wenn du über andere Menschen sprichst. Halte dich einfach an die Fakten und versuche dich nicht an Mutmaßungen – schon gar nicht an negativ aufgeladenen Mutmaßungen.

In ihrem Buch "Live like a Stoic" zeichnen die Autoren Lopez und Pigliucci zur Versinnbildlichung ein schönes

Bild.[29] Sie vergleichen den Blick, den du auf deine Mitmenschen einnehmen sollst, mit einer Kamera. Eine Kamera sieht lediglich eine Person, die es eilig hat. Weder einen engagierten Feuerwehrmann, der zum Einsatz eilt, noch einen Bleifuß-Rowdy, der aus Spaß andere Menschen gefährdet. Probiere es aus, wann immer du die Gelegenheit dazu bekommst.

Warum du diese Übung durchführen solltest

Epiktet empfiehlt uns, diese Übung ständig durchzuführen, um unsere Fähigkeit für das Erfassen wahrer Eindrücke zu schärfen. Damit verringert sich die Gefahr, dass wir unsere mentale Kapazität mit Dingen belasten, die für uns nicht von Bedeutung sind und uns im Zweifelsfall vor negative Emotionen stellen. Wie "gut" oder "böse" eine Person ist, darüber gibt nur der Charakter Auskunft. Diesen kannst du von außen nicht objektiv beurteilen.

Und trotzdem ist der Charakter anderer Personen für Stoiker indifferent, da dieser nicht im Rahmen eigener vollständiger Kontrolle liegt. Umso wichtiger ist es, dass du dich als Stoiker auf die Entwicklung deines eigenen Charakters fokussierst. Die Verwendung wertgeladener Sprache ist für Dinge, die außerhalb deines vollständigen Kontrollbereichs

---

[29] Pigliucci, Massimo; Lopez, Gregory (2019): Live Like A Stoic – 52 Exercises for Cultivating a Good Life, Ebury Publishing, 49. Woche

liegen, daher nicht zielführend. Der Verzicht wird die Anzahl der falschen Eindrücke, die du im Leben von anderen
Menschen gewinnst, drastisch reduzieren.

Challenge 18

Reden ist Silber, Schweigen ist Gold

"Für gewöhnlich herrsche Schweigen, oder es werde nur das Notwendige gesprochen und das mit wenigen Worten. Selten aber und nur, wenn
besondere Umstände dich zum Reden auffordern, rede, doch nicht über die landläufigen Themen,
nicht über Gladiatorenkämpfe, Pferderennen oder Athleten, nicht über Speisen und Getränke, alles hundertmal besprochen; vor allem sprich nicht über andere Leute, weder tadelnd noch lobend oder sie vergleichend. Wenn es dir möglich ist, so lenke durch dein Gespräch auch das der übrigen
Teilnehmer auf einen schicklichen Gegenstand."

Epiktet, Handbüchlein der Moral, 33.2

Wie der Linguist Matthias Mehl von der University of Arizona in Tucson herausgefunden hat, sprechen wir Menschen durchschnittlich 16.000 Wörter am Tag. Die einen deutlich mehr, die anderen deutlich weniger. In einem durchschnittlichen Leben kommt dabei rund eine halbe Milliarde Worte heraus. Damit du dir vorstellen kannst, wie viel das eigentlich ist:

"Sie haben es schon als Kind ertragen müssen. 2.100 direkt zu ihm gesprochene Wörter pro Stunde bekommt ein Kleinkind in einem gebildeten Haushalt zu hören, in Familien mit schlechtem Bildungshintergrund sind es immer noch 600. Bis zu seinem vierten Geburtstag hat ein Durchschnittskind von seinen Eltern mindestens 30 Millionen Wörter gehört. Das entspricht dem Umfang von 300 bis 500 Büchern à 300 Seiten. So also haben Sie die Sprache erlernt - indem Sie schon in der Wiege gnadenlos zugetextet wurden." So schrieb Peter Praschl in seinem Artikel "Wir müssen reden" in der Süddeutschen Zeitung.[30]

Unter dem Strich sind 16.000 Worte deutlich mehr, als wir wirklich brauchen. Das ahnten auch schon die Stoiker. Schon sie wussten, dass die Menschen vornehmlich über Belanglosigkeiten sprachen, sich selbst in den Vordergrund stellten und ihren Gegenübern im Gegenzug nicht richtig zuhörten. Heute ist das nicht anders. Schlimmer geworden ist es im Übrigen auch nicht.

---

[30] Praschl, Peter (2010): Wir müssen reden. URL: https://sz-magazin.sueddeutsche.de/gesellschaft-leben/wir-muessen-reden-77405 [Stand: 20-04-2020]

Vieles hat sich lediglich in die sozialen Netzwerke verlagert. In Ermangelung von Gladiatorenkämpfen reden wir heute über die letzte Partie des 1. FC Köln und welcher Spieler abseits des Platzes Pelzmäntel trägt, ohne Führerschein einen Sportwagen für über 100.000 Euro fährt oder ein goldenes Steak verputzt. In seinem Buch "Das kleine Handbuch des Stoizismus" kritisiert Jonas Salzgeber zu Recht, dass wir im Alltag viel zu oft über uns selbst reden.[31]

Vielmehr noch warten wir in einem Gespräch lediglich auf den Punkt, an dem wir selbst endlich – im Zweifelsfall mit einer Belanglosigkeit über uns – einsteigen können. Für ein tieferes Verständnis gegenüber anderen Menschen und die eigene Tugendhaftigkeit, wie es der Stoizismus vorsieht, ist das Gift. Schon Epiktet prangert damit an, dass ein Großteil der täglichen Kommunikation aus folgenden Dingen besteht:

» Belangloser Klatsch und Tratsch über Menschen, die nicht anwesend sind und sich damit nicht verteidigen können.

» Vergleiche mit anderen Menschen oder anderen Dingen.

» Werturteile, die wir uns aus Mangel an Einsicht in den Charakter nicht erlauben können.

---

[31] Salzgeber, Jonas (2020): Das Kleine Handbuch des Stoizismus - Zeitlose Betrachtungen, um Stärke, Selbstvertrauen und Ruhe zu erlangen, 3. Aufl., München: Finanzbuch, S. 294 ff.

» Berichte über eigene (belanglose) Heldentaten, die andere Menschen langweilen.

Marc Aurel fordert uns dazu auf, nur das mit Aufrichtigkeit, Bescheidenheit und Freundlichkeit auszusprechen, was wir für angemessen halten. Als Grundlage für die Beurteilung der Angemessenheit dienen hier freilich die Tugenden der Stoa wie unter anderem der bereits behandelte Grundsatz, bei den Fakten zu bleiben. Ferner rät uns der Philosophenkaiser zum Zuhören, anstatt einen unablässigen Wortschwall zu produzieren. Höre deinen Mitmenschen zu und bereichere das Gespräch, indem du auf sie eingehst und dich nicht in den Mittelpunkt zu stellen versuchst.

Wie vor 2.000 Jahren gehört auch das, was Epiktet im Eingangszitat "landläufige Themen" nennt, zu unserer Gesellschaft dazu. Small Talk über die Belanglosigkeiten des Lebens ist der soziale Kitt des Zusammenlebens. Etwas weniger täte es allerdings auch. Es geht auch im Rahmen der heutigen Übung nicht darum, "banale Themen" aus der Konversation zu streichen. Es geht vielmehr um folgende Aspekte, die die Qualität von Konversationen für alle Beteiligten erhöhen:

» Gerade, wer viel (über sich selbst) redet, sollte verstärkt darauf achten, andere zu Wort kommen zu lassen. Viele Stimmen bereichern das Gespräch durch unterschiedliche Perspektiven.

» Einfach einmal Stille walten lassen und passiv zuhören. Nur so ist es möglich, die Perspektive des anderen einzunehmen.

» Das Unterlassen von Tratsch und Werturteilen vor allem über Menschen, die nicht anwesend sind.

Was für die Konversation im realen Leben bereits ein wichtiger Schritt nach vorne ist, hat für die Online-Kommunikation einen noch höheren Stellenwert. Gönne dir einfach einmal das Vergnügen und scrolle durch deinen News-Feed. Wie hoch ist der Anteil an absoluten Belanglosigkeiten, angefangen vom Mittagessen eines Freundes über Kommentare zum neuesten Skandal bei den Royals bis hin zu den aktuellen Poser-Bildern eines Fußballers mit Pelzmantel und Federboa?

Übung: Du redest viel sinnloses Zeug

In der heutigen Challenge geht es um zwei Dinge. Erstens, dass du dir ein Bild darüber machst, wie sehr deine persönlichen Alltagskonversationen von Belanglosigkeiten geprägt sind. Und zweitens darum, wie du den Grundsatz "Reden ist Silber, Schweigen ist Gold" bzw. wie Epiktet es ausdrückt "Sprich weniger, aber weise" sowohl offline als auch online in die Praxis umsetzt.

Wie belanglos der Großteil der Kommunikation ist, fällt uns in der Regel nur dann auf, wenn wir Gesprächen zwischen anderen Menschen lauschen. Spätestens, wenn wir über einige Tage beobachten, über was auch wir mit unseren Freunden sprechen, beginnen wir selbst damit, an unserem Bildungsstand und dem unserer Freunde zu zweifeln. Aber keine Angst, das ist nur menschlich und war auch schon zu Zeiten Epiktets so. Der beste Weg, um dir dessen bewusst zu werden, wäre den ganzen Tag ein Tonband in der Hosentasche mitlaufen zu lassen und dir den Inhalt anzuhören. Da die Umsetzung aus datenschutzrechtlichen Gründen aber kaum seriös möglich ist, ist an dieser Stelle nur davon abzuraten.

Im kleinen Kreis kannst du dieses kleine Experiment aber dennoch wagen, wenn dein Freundeskreis mitzieht. Immerhin ist es auch für sie und ihre persönliche Weiterentwicklung interessant. Gehe dazu wie folgt vor:

1. Vereinbare mit deinen Freunden ein gewöhnliches Treffen. Ob Spieleabend, Grillen oder die Feier anlässlich eines Geburtstags, das spielt keine Rolle.

2. Weihe deine Freunde in den Plan ein den "Small Talk" aufzunehmen und später zu analysieren.

3. Hole dir die Zustimmung aller Beteiligten ein – am besten schriftlich.

4. Der Termin liegt idealerweise einige Wochen in der Zukunft, sodass alle Beteiligten außer dir nicht mehr ständig präsent haben, dass der "Small Talk" aufgezeichnet wird.

5. Zum Zeitpunkt des Treffens lässt du unauffällig ein Aufzeichnungsgerät mitlaufen.

6. Später analysierst du bzw. analysiert ihr gemeinsam den Small Talk eures Abends. Spaß und nachdenkliche Momente sind in jedem Fall garantiert.

Übung: Sprich weniger, aber weise

Sicher, die erstgenannte Übung ist nicht rein objektiv und schon gar nicht immer durchführbar. Daher solltest du dich in jedem Fall mit Übung 2 befassen, denn diese kannst du genau jetzt auch für dich allein durchführen. Epiktet fordert von uns, "weniger und dafür weise" zu sprechen. Nimm dir einen Stift und fertige eine Liste mit Themen an, die du für "weise" bzw. "gut" hältst. Dem gegenüber stellst du Themen und Dinge, die frei nach dem Eingangszitat von Epiktet zu vermeiden sind.

Anhand deiner fertigen Liste überlegst du dir nun, in welchen Situationen du im Übermaß über solche Dinge sprichst und wie du es verhindern kannst. Im dritten Schritt wählst du drei Punkte von deiner Liste aus und versuchst sie morgen oder am besten heute noch umzusetzen. Mit dieser Übung schlägst du gleich zwei Fliegen mit einer Klappe. Dadurch, dass du weniger über Belangloses sprichst und mehr zuhörst, sprichst du gleichzeitig auch insgesamt weniger. Zudem erhöhst du allein durch das Zuhören und den

Verzicht auf Klatsch und negative Werturteile bereits das
Niveau jeder Konversation.

Beispiel:

Situation	Ansatzpunkt
Ich lasse mich in den sozialen Medien leicht dazu triggern, politische oder gesellschaftliche Kommentare abzugeben, und steigere mich dadurch in negative Emotionen.	Während ich durch meinen Social Media Feed scrolle, lasse ich die Finger von der Tastatur und scrolle einfach weiter.
Mit meiner besten Freundin bzw. meinem besten Freund tratsche ich über nicht anwesende Personen aus dem Freundeskreis.	Ich sage mir vor jedem Treffen mit dieser Person, dass ich nicht tratschen möchte. Beginnt die andere Person damit, lenke ich das Gespräch auf ein anderes Thema.
Ich neige dazu, Werturteile über andere Menschen abzugeben.	Ich spreche ausschließlich Fakten aus, so als würde ich den neutralen Standpunkt einer Kamera einnehmen. (siehe gestrige Challenge)

Warum du diese Übung durchführen solltest

Unsere Sprache ist der Dreh- und Angelpunkt in unserem Leben, da wir durch Sprache sowohl mit uns selbst als auch mit den Menschen um uns herum kommunizieren. Indem du den Anteil an belanglosen Dingen aus deiner Kommunikation streichst, schaffst du Platz für bedeutungsvolle Kommunikation.

Sowohl im Hinblick darauf, dass du dich im Sinne der Stoa mehr um andere Menschen kümmerst, als auch, um Raum für deine Selbstreflexion zu schaffen. Gleichzeitig reduziert vor allem der Verzicht auf negative Werturteile das Aufkommen negativer Emotionen wie Wut, Ärger, Neid und Co., die deinen Blick für die wirklich wichtigen Dinge verstellen.

Challenge 19

Zielsetzung im Stoic-Style

"Lasse all deine Bemühungen zielgerichtet sein und behalte dieses Ziel im Blick.
Es ist nicht das Handeln, das die Menschen beunruhigt, sondern falsche Vorstellungen von Dingen, die sie um den
Verstand bringen."

Seneca, Von der Ruhe des Gemüts, 12.5

Für das Leben Ziele setzen und Stoizismus. Wie passt das zusammen?

Ist es nicht so, dass die Stoiker klar zwischen den Dingen unterscheiden, die unter ihrer Kontrolle stehen und den Dingen, die nicht unter ihrer Kontrolle stehen? Damit wären klassische Zielsetzungen wie "Ich möchte finanziell unabhängig sein" oder "Ich möchte eine Familie, einen Hund und ein Haus mit Garten haben" doch nicht im Sinne der Stoa, oder?

So formuliert ist das korrekt, schließlich zieht sich der Grundsatz der Kontrolle bereits wie ein roter Faden durch die vorangegangenen Kapitel. Wie Seneca jedoch schreibt, entspricht auch die Abwesenheit von Zielen nicht der Lehre des Stoizismus. Dazu passend ein Zitat aus dem bekannten Werk von Robert Greene "The 48 Laws of Power". Gesetz Nummer 48 lautet hier wie folgt: "Wenn man etwas bis zum Ende durchplant, wird man nicht von äußeren Umständen aus der Bahn geworfen und man weiß, wann man aufhören muss. Wer weit vorausdenkt, kann dem Glück auf die Sprünge helfen und dazu beitragen, die Zukunft selbst zu gestalten."[32]

Dazu passend schreibt Stephen R. Covey in seinem Buch "Die 7 Wege zur Effektivität": "Beginne mit einem gesteckten Ziel."[33] Wie passt das Ganze jetzt mit der Philosophie des Stoizismus zusammen? Ganz einfach: Kein Ziel zu haben und einfach in den Tag hinein zu leben, bedeutet Chaos – vor allem emotional. Das wäre für die Vordenker des Stoizismus ein Graus gewesen.

Im Gegenzug lehnen die Stoiker aber auch die Vorstellung ab, ein Ziel garantiert zu erreichen. Wie wir wissen, liegt das mit wenigen Ausnahmen nicht in unserer Macht. Hier kommt der Begriff "oiêsis" ins Spiel. Dieser lässt sich grob

---

[32] Greene, Robert (2000): The 48 Laws of Power, Penguin Books

[33] Covey, Stephen R. (2018): Die 7 Wege zur Effektivität: Prinzipien für persönlichen und beruflichen Erfolg, Offenbach: GABAL Verlag, S. 115 ff.

mit "falsche Vorstellung" übersetzen. Falsche Vorstellungen, also sowohl gar keine Ziele als auch die feste Annahme des Erreichens spezifischer Ziele, führen entsprechend der stoischen Philosophie gleich zu mehreren Dingen.

1. Seelenqualen, da du durch Planlosigkeit hin- und hegerissen bist.

2. Handlungen, die ohne Sinn und Ausrichtung ins Leere laufen.

3. Emotionales Chaos, das in zerrütteten Lebensläufen münden kann.

Dass Ziele auch für das Praktizieren eines stoischen Lebensstils wichtig sind, bestätigt allein folgender Gedanke:

» Wie möchtest du dich persönlich in deiner Tugendhaftigkeit verbessern, wenn du keine Richtschnur hast, an der du dich orientieren kannst?

» Wie sollst du täglich deine Handlungen wählen, wenn du nicht weißt, wohin du überhaupt steuern sollst?

» Wie willst du feststellen, ob du vom Weg abgekommen bist?

» Wozu sollst du ohne Ziel "ja" oder "nein" sagen?

Übung: Nichts geht ohne Ziele

Bei unserer heutigen Fingerübung geht es also darum, dass du deine Ziele definierst. Und das im stoischen Stil immer unter der Prämisse, was du unter vollständiger Kontrolle, teilweiser Kontrolle und nicht unter Kontrolle hast. Dazu Epiktet:

"Denk also daran: Wenn Du das von Natur aus Abhängige für frei hältst und das Fremde für dein eigen, so wird man deine Pläne durchkreuzen und du wirst klagen, die Fassung verlieren und mit Gott und der Welt hadern; hältst du aber nur das für dein Eigentum, was wirklich dir gehört, das Fremde hingegen, wie es tatsächlich ist, für fremd, dann wird niemand je dich nötigen, niemand dich hindern, du wirst niemanden schelten, niemandem die Schuld geben, nie etwas wider Willen tun, du wirst keinen Feind haben, niemand wird dir schaden, denn du kannst überhaupt keinen Schaden erleiden." Epiktet, Handbüchlein der Moral

Die wichtigste Empfehlung der Stoker lautet also, hauptsächlich Ziele in den Bereichen zu formulieren, über die wir vollständige Kontrolle haben. Aber auch in Bereichen mit teilweiser oder gar keiner Kontrolle können wir nach stoischer Lesart Ziele definieren. Allerdings müssen wir diese unter "Vorbehalt" definieren. Schließlich können wir uns aufgrund der vielen externen Einflussfaktoren nicht sicher sein, ob wir dieses Ziel auch erreichen.

Ein Vorbehalt wie "Ich möchte xy ..., wenn es funktioniert"
ist im Sinne der Stoiker zulässig. Auf diese Weise bleibt der
Ausgang offen und der Bezug zur Realität bzw. realen Er-
reichbarkeit erhalten. Wird das Ziel dagegen aufgrund externer Umstände nicht erreicht, kommt es aufgrund des Vorbe-
halts auch nicht zu negativen Emotionen wie Frustration und
Enttäuschung.

Bevor du in deiner heutigen Tagesaufgabe für dich mindestens fünf stoische Ziele definierst, zunächst ein kurzer Rück-
griff auf die Dichotomie bzw. Trichotomie der Kontrolle:

1. **Vollständig kontrollierbar:** Wünsche, Abneigungen,
   Handlungen, Wille, Meinung

2. **Begrenzt kontrollierbar / beeinflussbar:** Gesundheit,
   Reichtum, Ruhm

3. **Nicht kontrollierbar:** Schicksal, Tod, Leben, Umwelt-
   einflüsse, Handlungen anderer Menschen

Definiere nun Ziele, die dir persönlich wichtig sind und die
dir dabei helfen, Stück für Stück ein besseres und glücklicheres Leben zu führen.

Beispiele:

"Ich möchte mein nächstes Fußballspiel gewinnen, sofern mich nichts daran hindert. Aber ich werde mein Bestes geben."

"Ich möchte ein besserer Zuhörer werden und andere Menschen mehr zu Wort kommen lassen."

"Ich will jeden Tag an meinen Tugenden arbeiten, um eine bessere Version von mir selbst zu sein."

Warum du diese Übung durchführen solltest

Ziele sind auch im Stoizismus entscheidend und je früher sie definiert sind, desto besser. Denn, wer einen Plan hat, der lässt sich auch vom Sturm des Lebens nicht ängstigen und von seinem Kurs abbringen. Korrekt gesetzte Ziele sind also ebenfalls ein Mittel, um Emotionen unter Kontrolle zu halten und mit weniger Angst zu leben. Definiere Ziele als Leitlinie deines Handelns.

Challenge 20

Gedächtnistraining mit der Loci-Methode

"Und bei dieser Übung missfällt es mir eben nicht, wenn man sich daran gewöhnt hat, auch das in der Gedächtniskunst gelehrte Verfahren anzuwenden, seine Gedanken an gewisse Orte und Bilder zu
knüpfen. Es müssten daher die, die dieses Geistesvermögen üben wollten, gewisse Plätze auswählen, das, was man im Gedächtnis behalten wollte, sich unter
einem Bild vorstellen und in diese Plätze einreihen.
So würde die Ordnung der Plätze die Ordnung der Sachen bewahren; die Sachen selbst aber würden durch Bilder bezeichnet, und so könnten wir uns der Plätze statt der Wachstafeln und der Bilder statt der Buchstaben bedienen."

Marcus Tullius Cicero, De Oratore

Ein kluger Geist, vor allem ein solcher, der sich die Tugenden der Stoa in unserem hektischen Alltag dauerhaft präsent halten möchte, muss sein Gedächtnis trainieren. Auch hier können wir uns auf die alten Stoiker verlassen, denn auch sie kannten vor rund 2.000 Jahren Techniken, um Fakten, Zusammenhänge und vor allem ihre Reden zu behalten. Warum liegt, auf der Hand.

Zur Zeit des antiken Rom und der griechischen Stadtstaaten konnten nur wenige gebildete Menschen schreiben. Gleichzeitig waren Schriften durch den hohen Aufwand für das händische Abschreiben und der rare Papyrus teuer. So mussten sich auch die Stoiker ihr Faktenwissen behalten. Heute ist das Faktenwissen einer Art Bibliothekswissen gewichen. Die Fakten selbst haben wir nicht mehr präsent, dafür wissen wir, wo wir es nachlesen können.

Das ist freilich der immer größer werdenden Informationsflut geschuldet, mit der wir zurechtkommen müssen. Gerade für Dinge, die wir im Alltag immer präsent haben möchten oder sogar müssen, ist eine hohe Gedächtnisleistung aber auch heute noch entscheidend. Hier können wir wiederum von den alten Stoikern lernen. Auch wenn das Gedächtnistraining sicherlich schon weit früher praktiziert wurde, war es der Politiker, Anwalt, Schriftsteller und Philosoph Marcus Tullius Cicero, der eine für uns spannende Methode prägte.

In seinem Buch "De Oratore" beschreibt der Philosoph, der im Rahmen des philosophischen Eklektizismus gleichzeitig stoische und epikureische Strömungen vertrat, eine Methode, die heute noch als Loci-Methode bekannt ist. Cicero ist jedoch nicht der Urvater dieser Gedächtnismethode, sondern Simonides aus Keos. Die in De Oratore 2. Buch geschilderte Entstehungsgeschichte möchte ich kurz sinngemäß wiedergeben:[34]

Der Legende nach wurde der berühmte lyrische Dichter Simonides von Keos in den Palast des Skopas in Thessalien eingeladen. Dort trug er bei einem feinen Mahl ein gedichtetes Loblied auf Kastor und Polydeukes (Kastor und Pollux) vor. Der Gastgeber reagierte darauf pikiert und zahlte Simonides nur die Hälfte des versprochenen Lohns. Die andere Hälfte solle sich dieser bei Kastor und Polydeukes holen, da er diese so gelobt hatte. Kurz darauf wurde Simonides aus dem Speisesaal gebeten, da ihn vor der Tür mehrere Männer dringend sprechen wollten.

Kaum hatte Simonides den Saal verlassen, stürzte die Decke ein und begrub die Feiernden unter sich. Die schweren Trümmer hatten die Leichen der Gäste derart verstümmelt, dass sie niemand an ihrem Aussehen identifizieren konnte. Simonides jedoch konnte sich genau daran erinnern, welcher Gast wo am Tisch gesessen hatte. So konnte er die Angehörigen zu ihren Verstorbenen führen. Diese Gegebenheit soll Simonides darauf aufmerksam gemacht haben, dass das Gedächtnis eine gewisse Ordnung braucht, um Dinge zuverlässig abzuspeichern. Daraus entwickelte sich die Loci-Methode.

---

[34] Gottwein: Marcus Tullius Cicero – De orator LIBER II - deutsch übersetzt nach R. Kühner. URL: https://www.gottwein.de/Lat/CicDeOrat/de_orat02de.php [Stand: 07-05-2020]

Wie aber funktioniert die Loci-Methode? Grundsätzlich geht es bei der Loci-Methode darum, dass du dir eine Abfolge von Bildern im Gedächtnis abspeicherst. An jedes dieser Bilder heftet sich der zu lernende Inhalt. In unserem Fall beispielsweise eine Erkenntnis oder Praxisübung der Stoa, die du täglich präsent haben möchtest. Über die Verknüpfung von Bild und Information kannst du Gedächtnispfade anlegen. Praktisch, denn unser Gehirn kann Bilder und Zusammenhänge besser verarbeiten als reine Fakten.

Vergegenwärtigst du dir diesen Pfad, erinnerst du dich an die Information. Wichtig ist, dass der Pfad aus markanten Punkten besteht. Klassischerweise wird die Loci-Methode heute beispielsweise beim Lernen für Prüfungen angewandt, indem Lernkarten an exponierten Orten wie der Toilette, an der Kühlschranktür oder der Abzugshaube platziert werden. Solche Pfade lassen sich jedoch überall anlegen. Ob in der eigenen Wohnung, in der freien Natur, mit dem eigenen Körper oder sogar in virtuellen Welten.

Übung: Die Loci-Methode in der Praxis

Richtig geraten: Deine heutige Aufgabe ist es, dich mit der Loci-Methode auseinanderzusetzen und deine eigenen Gedächtnispfade anzulegen. Und so funktioniert es:

1. Suche dir einen Ort, an dem du oft unterwegs bist. Das kann deine gesamte Wohnung sein, nur ein einziger Raum oder deine Joggingrunde durch den Wald.

2. Bestimme an diesem Ort markante Punkte als Wegpunkte. Nehmen wir in der Küche beispielsweise die Tür, den Kühlschrank, den Backofen, den Mülleimer und das Fenster.

3. Lege eine Reihenfolge dieser Punkte fest, die du dir gut merken kannst.

4. Ordne jedem dieser Wegpunkte eine Information oder z. B. eine Übung für die stoische Praxis zu.

5. Notiere dir die Route inklusive aller Routenpunkte und den zugeordneten Informationen.

6. Unternimm einen Gedächtnisspaziergang entlang dieses Pfades. Dabei wanderst du von Punkt zu Punkt und rufst die dort gespeicherten Informationen ab.

Das Spannende an dieser Technik ist, dass du die geistige Verknüpfung von Bildern und Informationen beliebig skalieren kannst. Während beispielsweise einige markante Punkte entlang deiner morgendlichen Laufrunde sehr grobgranular sind, kannst du auch einzelne Kleingegenstände mit Informationen koppeln. Wie wäre es etwa mit dem Inhalt deiner Gewürzschublade in der Küche oder deinem Bücherregal?

Warum du diese Übung durchführen solltest

Wer sich auf sein Gedächtnis verlassen möchte, muss es trainieren. Warum dann nicht mit einer Methode, die schon die alten Stoiker schätzten, um sich ihre teils stundenlangen Reden merken zu können? Die Loci-Methode hilft dir aber nicht nur dabei, dass du dir die unterschiedlichen Techniken für den praktizierten Stoizismus im Alltag merken kannst. Auch allgemein ist das Gedächtnistraining für das Lernen im Alltag ein Segen.

Challenge 21

Schaffe Verlockungen
aus dem Weg

"So wie derjenige, der versucht, eine alte
Liebe
loszuwerden, jede Erinnerung an diese Person
vermeiden muss. [...] - denn nichts wächst
wieder so leicht wie die Liebe - so muss auch
derjenige, der sein Verlangen nach all den
Dingen beiseitelegen möchte, nach denen er
sich so leidenschaftlich sehnt, sowohl Augen
als auch Ohren abwenden von den Dingen,
die
er loslassen möchte. Die Emotionen kehren
bald
zurück; an jeder Ecke werden sie etwas Be-
gehrliches entdecken, das ihre Aufmerksamkeit wert ist."

Seneca, Briefe an Lucillus, 69. Brief, 3-4

Seneca beschreibt in seinem Eingangszitat eine Situation, die wir mit Sicherheit alle schon einmal erlebt haben. Ob in der Schule, am Arbeitsplatz oder an der Universität. Irgendwann haben wir uns alle einmal unsterblich verliebt und festgestellt, dass die Emotionen immer wieder kommen, wenn wir dieser Person in unserem Alltag begegnet sind.

Wirklich geholfen hat nur eines: Die Person zumindest für eine längere Zeit nicht zu sehen, die Handynummer zu löschen und die Social Media-Verbindung zu kappen, um durch neue Bild-Postings nicht immer wieder an diese Person erinnert zu werden. Ähnlich sieht es mit anderen Verlockungen im Alltag aus. Gehörst du auch zu den Menschen, die kein Problem damit haben, auf Schokolade, Chips und Co. zu verzichten, wenn diese nicht im Haus sind?

Du kämst nicht einmal auf die Idee, gezielt in den Supermarkt zu fahren, um dort Naschwerk zu kaufen. Aber wehe, in der Vorratskammer befinden sich doch einmal ein Schokoriegel. Dann dauert es nicht lange und die Packung ist leer. Und all das nur, weil diese Verlockung ständig in unserem Blickfeld ist. Schon die Stoiker waren sich dessen bewusst, dass es nur einen Weg gibt, um mit Verlockungen umzugehen. Man schafft sie weitestgehend aus seinem Blickfeld.

Damit beweisen Epiktet, Seneca und Co. einmal wieder, wie viel sie bereits vor über 2.000 Jahren von der menschlichen Psyche verstanden. Auch die moderne Psychologie bestätigt mittlerweile das, was für die Stoiker selbstverständlich und zudem der Schlüssel zu einem glücklichen Leben war. In einer interessanten Studie untersuchten Wissenschaftler den

Zusammenhang zwischen bestehenden Versuchungen und der Verfügbarkeit der Quelle der Versuchung.

Die Untersuchung wurde mit Menschen durchgeführt, die in Gesellschaft mit Freunden gerne ein Gläschen trinken. In dem Versuchsaufbau wurden die Probanden in zwei Gruppen aufgeteilt. Während die eine Gruppe an einem Glas Alkohol riechen sollte, rochen die Teilnehmer der Kontrollgruppe an Wasser. Kurz darauf zeigte sich das eindeutige Ergebnis des Experiments: Diejenigen, die dem Stimulus Alkohol ausgesetzt waren, hatten es deutlich schwerer, im Anschluss einen Drink abzulehnen.[35]

Wie Seneca es bereits vor fast 2.000 Jahren schrieb, wird die Fähigkeit zur Selbstkontrolle durch das Verlangen nach einer Versuchung gemindert. Je mehr wir etwas wollen und je verfügbarer die Versuchung ist, desto schwerer ist es für uns, ihr zu widerstehen. Selbstkontrolle ist eine der wichtigsten Tugenden im Stoizismus, da sie die Grundlage für die Entwicklung eines starken Charakters ist. Versuchungen aus unserem Blickfeld verschwinden zu lassen, hilft uns dabei, unsere Fähigkeit zur Selbstkontrolle zu schulen und damit unser Verlangen im Zaum zu halten.

Mit der Zeit ist unsere Selbstkontrolle so weit fortgeschritten, dass wir Versuchungen gar nicht mehr aus unserem Blickfeld verschwinden lassen müssen, um ihnen zu wider-

---

[35] Muraven, Mark; Shmueli, Dikla (2006): The Self-Control Costs of Fighting the Temptation to Drink. In: Journal of Psychology of Addictive Behaviors, Vol. 20 (2), S. 154-160

stehen. Ein praxisnahes Beispiel ist die Jugendliebe aus deiner Schulzeit, die du anlässlich des 10. Abschluss-Jubiläums wiedersiehst, nachdem du alle Kontaktpunkte in den vergangenen 10 Jahren aus deinem Blickfeld geschoben hast.

Übung: Bahn frei für einen klaren Geist

Deine heutige Challenge ist simpel. Sie besteht darin, dass du bei dir selbst Verhaltensweisen identifizierst, die von bestimmten Triggerpunkten in deiner Umgebung ausgelöst werden. In einem zweiten Schritt überlegst du dir Strategien, wie du diese Triggerpunkte aus deinem Blickfeld beseitigst oder es dir zumindest schwerer machst, deinem Verlangen nach einer Versuchung nachzugeben.

Für die Identifikation der Trigger ist es häufig notwendig, dass du dich in alltäglichen Situationen selbst genau beobachtest. Gehe den gesamten Handlungsprozess angefangen vom ersten Verlangen bis hin zur endgültigen Handlung durch und versuche den Punkt zu identifizieren, an dem deine Selbstkontrolle gekippt ist.

Ist es ein bestimmter Gegenstand, den du gesehen hast? Gab es einen speziellen Reiz (z. B. hören, riechen), der dich zu einer Handlung bewegt hat? Oder hast du einen bestimmten Gedanken im Hinterkopf gehabt? Nimm dir ein Blatt Papier und lege eine Liste mit deinen typischen Begierden und Gelüsten an. Folge dabei dem folgenden Aufbau:

» Welches typische Verlangen erkennst du bei dir, das du gerne loswerden möchtest?

» Was sind die möglichen Triggerpunkte für dein Verhalten?

» Was kannst du unternehmen, um den Triggerpunkt zu entfernen oder ihn schwerer zugänglich zu machen?

» Wann willst du nach dieser Strategie handeln?

Hinweis:

Deine Begierden werden dir nicht jeden Tag begegnen. Daher kann es sein, dass dir etwas nicht gleich einfällt. Um einen möglichst vollständigen Überblick zu behalten, solltest du diese Selbstbeobachtung über mindestens eine Woche durchführen.

Beispiel:

1. **Typisches Verlangen:** Ständig durch meine Social Media Profile surfen.

2. **Triggerpunkte:** Ständig immer und überall präsentes Smartphone.

3. **Mögliche Strategie:** Das Smartphone zu Hause in einen anderen Raum legen. Das Gerät bei der Arbeit in

den Flugmodus schalten und in eine Tasche verstauen.

4. **Umsetzung:** Immer, wenn ich eigentlich Wichtigeres zu tun habe oder mich auf etwas anderes konzentrieren möchte.

Hast du deine persönliche Top-List aus Versuchungen, Triggerpunkten und möglichen Gegenstrategien fertig, geht es an die Umsetzung. Und das am besten so früh wie möglich.

Warum du diese Übung durchführen solltest

Die hohe Kunst der alten Stoiker war es, Versuchungen selbst dann, wenn sie unmittelbar damit konfrontiert worden sind, nicht gedankenlos nachzugeben. Bis dahin ist es jedoch ein weiter Weg. Die heutige Übung hilft dir dabei, die ersten Schritte auf diesem Pfad zu gehen, indem du Reizpunkte der Außenwelt bewusst ausschaltest. Ob es nun der Schokoriegel in der Vorratskammer, der Social Media Kontakt mit einer verflossenen Liebe, die Hausbar oder dein omnipräsentes Smartphone ist – übe an dem, was dein Verlangen am stärksten triggert.

Challenge 22

Stirb jeden Tag

> "Ich bin nicht ewiglich, sondern ein menschliches Wesen; ein Teil des Ganzen, wie eine Stunde ein Teil des Tages ist.
> Wie eine Stunde muss ich kommen und wie eine Stunde muss ich vergehen."
>
> Epiktet

Da wären wir nun. Heute gibt es nach all den ermunternden Gedankenspielen und offensichtlich förderlichen Challenges wirklich schwere Kost. Wer denkt schon gerne an den Tod, schon gar an den eigenen? Umso erstaunlicher ist Senecas Rat, der uns unverblümt mahnt *"Stirb jeden Tag"*. Um diese Aussage zu verstehen und den Sinn für ein glückliches Leben im Sinne der Stoa abzuleiten, wollen wir an dieser Stelle einen kleinen Exkurs über die *Bedeutung des Todes im Weltbild der Stoiker* machen.

Genau genommen war der Tod in der Gedankenwelt von Epiktet, Seneca und Marc Aurel nicht nur allgegenwärtig, sondern in seiner übergeordneten Rolle auch der Schlüssel für ein glückliches Leben im Hier und Jetzt. Hervorragend komprimiert und auf den Punkt gebracht wird das Thema "Tod im Weltbild der Stoiker" von Maximilian Feldtner in seinem Buch "Stoizismus". Verkürzt gesagt glaubten die Stoiker nicht an so etwas wie das Leben nach dem Tod, wie es in heutigen monotheistischen Religionen und auch zahlreichen pantheistischen Religionen der Fall ist.

Ihrer Überzeugung nach unterliegt der Tod den Naturgesetzen von Werden und Vergehen. Alle Dinge auf dieser Welt bestehen demnach aus einzelnen Elementen, aus denen sie sich zusammensetzen. Ob Pflanze, Tier oder unbelebte Umwelt, das spielt dabei keine Rolle. Während ein Lebewesen entsteht, wird es aus diesen Elementen zusammengesetzt. Stirbt es, zerlegt es sich wieder in seine elementaren Bestandteile, aus denen wiederum andere Lebewesen entstehen können.[36]

Der klassische Lebenskreislauf also, wie wir ihn aus dem Biologieunterricht aus der Schule kennen. Diese Ansicht steht in enger Verbindung mit dem stoischen Grundsatz, dass jeder Mensch nur ein winziger Teil eines unermesslich großen Kosmos ist und alle Dinge vergänglich sind. Sowohl Seneca als auch Epiktet fordern uns dazu auf, das zu genießen und zu lieben, was wir haben, solange wir es können. Man

---

[36] Feldtner, Maximilian (2020): Stoizismus – Die Tugenden und Prinzipien der Stoa verstehen und im Alltag anwenden

könnte es bündig unter dem Motto "Lebe jeden Tag, als wäre es dein letzter" zusammenfassen.

Immerhin wissen wir nicht, wie lange wir noch zu leben haben, denn dieser Punkt liegt außerhalb unserer Kontrollsphäre. Gerne verdrängen wir, dass wir auch selbst sterblich sind. Jederzeit kann auch uns ereilen, was scheinbar nur anderen passiert. Dennoch streben wir alle nach einem möglichst langen Leben und liebäugeln sogar mit der Unsterblichkeit durch die moderne Medizin bzw. die Unsterblichkeit unseres Geistes mit Hilfe der Informatik.

Schließlich möchte sich kaum jemand mit dem eigenen Tod auseinandersetzen. Genau das aber taten Stoiker, um im Hier und Jetzt glücklicher zu leben. "Kein Mensch kann ein friedliches Leben führen, der zu sehr darüber nachdenkt, es zu verlängern, oder wer glaubt, dass das Leben durch viele Amtszeiten als Konsul eine große Gnade ist." Mit dieser Aussage deutet Seneca an, worauf es im Leben wirklich ankommt. Nicht bloß auf die Länge (Quantität), sondern auf die Qualität unseres Lebens.

Damit meint Seneca nicht, dass ein langes Leben nicht erstrebenswert ist, sondern dass die Qualität der ausschlaggebende Faktor ist. Anders als die Länge haben wir die Qualität nach stoischer Lesart unter unserer Kontrolle. In einer Welt, in der auch der Tod von einem Geflecht von verschiedenen Ursachen und Wirkungen abhängig ist, können wir nicht wissen, wann es uns erwischt.

Marc Aurel schreibt dazu: "Betrachte dich selbst als tot. [...] Nimm, was von deinem Leben noch übrig ist und lebe richtig." Man könnte die Worte des römischen Kaisers tatsächlich als ein antikes "Lebe jeden Tag, als wäre es dein letzter" interpretieren. Allerdings liegt der Fokus natürlich nicht auf Gelagen, sondern darauf, dass du jederzeit dein bestes Selbst präsentierst und jede Kleinigkeit des Lebens schätzen lernst.

Die alten Römer nannten diese Vergegenwärtigung der eigenen Sterblichkeit "Memento mori". Dadurch, dass du dir deine Sterblichkeit jeden Tag aktiv vor Augen führst, wirst du sowohl dein eigenes Leben als auch das Leben der liebsten Menschen in deinem Leben mehr schätzen und dadurch ein glücklicheres Leben führen.

Übung: Bedenke, dass du sterblich bist

Eigentlich bietet sich das Nachdenken über den eigenen Tod als finale Challenge für Tag 30 als sinnbildlicher Abschluss an. Das erscheint auch sinnvoll, zumal du dann gleich den gesamten stoischen Werkzeugkasten zur Verfügung hättest. Dennoch bin ich der Ansicht, dass das Thema Tod, trotz des positiven Ansatzes der Stoiker, kein guter Abschluss für einen Ratgeber für ein ruhigeres und glücklicheres Leben ist. Aber wie Seneca bereits empfiehlt, ist das bewusste Auseinandersetzen mit dem eigenen Tod eine Tagesaufgabe, die dir dementsprechend immer wieder begegnen wird.

Mit einem so komplexen Thema setzt du dich am besten in aller Stille schriftlich auseinander. Schreibe dazu einen Text beliebiger Länge zu deiner persönlichen Sterblichkeit bzw. dem Tod. Da diese Aufgabe sehr individuell ist, macht es wenig Sinn, starre Vorgaben zu machen. Die Autoren Massimo Pigliucci und Gregory Lopez empfehlen als Leitlinie einige Fragen, die du auf Basis deines Wissens über den Stoizismus beantworten kannst:[37]

» Überlege, warum du nicht die komplette Kontrolle über die Länge deines Lebens bzw. den Zeitpunkt deines Todes hast.

» Wie beeinflusst das Wissen, dass du keine Kontrolle hast, deine Einstellung zum Leben?

» Welchen Einfluss hat die Erkenntnis, dass du keine Kontrolle hast, auf deine Handlungen bzw. wie möchtest du handeln?

» Welche Vorteile könnte es haben, wenn du dich nicht vor dem Tod fürchtest?

» Warum könnte es förderlich sein, wenn das Streben nach einem langen Leben nicht das einzige ist, was dich umtreibt?

» Warum kann die Kombination aus der Angst vor dem Tod und dem Streben nach einem langen Leben zu

---

[37] Pigliucci, Massimo; Lopez, Gregory (2019): Live Like A Stoic – 52 Exercises for Cultivating a Good Life, Ebury Publishing

einem unausgeglichenen und unglücklichen Leben führen?

» Wie steht das Bewusstsein der eigenen Sterblichkeit in Verbindung zu den Kardinaltugenden des Stoizismus? (Mäßigung, Beherztheit, Gerechtigkeit, Erfahrungsweisheit)

» Was bedeutet für dich persönlich das Zitat "Betrachte dich selbst als tot. [...] Nimm, was von deinem Leben noch übrig, ist und lebe richtig"?

Warum du diese Übung durchführen solltest

Im Gegensatz zu vielen der bisherigen Challenges zeigen sich die ersten Auswirkungen auf dein Denken höchstwahrscheinlich nicht schon nach dem ersten Übungsdurchgang. Kein Wunder, dauert es doch ein wenig, um bei diesem Thema die Perspektive der Stoiker einzunehmen. Aus diesem Grund ist die heutige Challenge auch an genau dieser Stelle platziert.

Du hast bereits einen gut gefüllten Werkzeugkasten mit stoischen Techniken in petto, die deinen Geist in die entsprechende Richtung geformt haben. Gleichzeitig hast du noch einige Tage Zeit, um auch beim Thema Tod den so wichtigen Perspektivwechsel anzustoßen. Umso wichtiger ist es, dass du dir für diese schriftliche Übung jeden Tag Zeit nimmst.

Seneca gibt uns eine einfache Antwort darauf, warum das Drehen an dieser Stellschraube so wichtig ist: Ebenso wie viele andere Stoiker war er der Ansicht, dass die Angst vor dem Tod nicht nur unser Handeln und Denken negativ beeinflusst, sondern auch die tiefsitzende Wurzel für viele unserer Ängste und die daraus resultierenden Folgen ist.

Das Nachdenken über den Tod hilft dir dabei, nachzudenken, was für ein Mensch du sein möchtest. Es hilft dir, keine planlosen Entscheidungen zu treffen und sowohl deine Zeit als auch deine Aufmerksamkeit auf die wirklich bedeutenden Dinge zu legen.

Challenge 23

Stelle dir das
Worst-Case-Szenario vor

"Das Schicksal lastet schwer auf denen,
die es nicht erwarten. Wer allerdings
immer achtsam ist, der erträgt das
Schicksal mit Leichtigkeit. [...] Gerade in
sorgenfreien Zeiten sollte sich die Seele
im Voraus mit größerer Belastung stär-
ken, und während das Schicksal freundlich gesonnen ist,
sollte sie sich gegen die Grausamkeiten
des Schicksals wappnen."

Seneca

Wenngleich der Mensch sich als Krone der Schöpfung betrachtet, ist er in vielerlei Hinsicht ein formidables Flucht-
tier, dessen Denken und Handeln von Ängsten beherrscht

wird. Das ist ein natürlicher Reflex, zumal jeden Tag irgendwo auf der Welt schlimme Dinge passieren. Eltern verlieren ihre Kinder, Menschen verlieren ihre Arbeit, bei einem Unfall verliert jemand sein Bein oder ein Hochwasser vernichtet einen großen Teil des Hab und Guts. Weißt du, was all diese Dinge gemeinsam haben? Es handelt sich um externe Faktoren, die wir nicht unter unserer Kontrolle haben.

Ganz gleich, wie sehr wir uns auch bemühen – wir können rein gar nichts dagegen tun, dass solche Dinge passieren. Trotzdem zermartern wir uns häufig den Kopf über das, was sein könnte und geraten so in eine Kaskade negativer Gedanken, bei der eine Katastrophe in die nächste mündet.

Das führt dazu, dass negative Emotionen überhandnehmen, wir die Selbstkontrolle verlieren, uns zu Kurzschlusshandlungen hingerissen fühlen, Chancen nicht nutzen und damit unter dem Strich ein glückliches Leben auf dem Altar der Angst opfern. Zugegeben, im medialen Dauerfeuer, welches das überwiegend Gute in der Welt ausblendet und uns suggeriert, dass die Welt nur aus Katastrophen besteht, ist es auch schwierig, nicht in diese Falle zu geraten.

Im dauerhaften Grübeln sahen die Stoiker keine Lösung für dieses Problem. Insbesondere deshalb, da alle nur denkbaren Katastrophen externen Einflüssen unterliegen, die sich ohnehin nicht kontrollieren lassen. Daher bereiteten sich die Stoiker mit der Methode der "negativen Visualisierung" oder auch "proaktiven Visualisierung" auf schlimme Ereignisse vor.

Dieses mentale Training diente schon Epiktet und Seneca dazu, in schwierigsten Situationen rational und im Sinne der Tugenden der Stoa selbstreflektiert zu bleiben, während andere Menschen in Panik verfallen. Bei der negativen Visualisierung geht es darum, dass du dir eine negative Situation in allen ihren Facetten vorstellst, bevor sie überhaupt eintritt. Das härtet dich mental ab und absorbiert den Schock, den ein tatsächlich eintretendes Ereignis hat.

Letzteres erscheint durch das Mentaltraining deutlich weniger schlimm, auch wenn die messbaren Auswirkungen nach wie vor die gleichen sind. Hier gilt der Grundsatz: "Es hätte auch schlimmer kommen können." Darüber hinaus hilft die Vorstellung eines Worst-Case-Szenarios dabei, weniger drastische Rückschläge als solche einzuordnen und diese mit der sinnbildlichen stoischen Ruhe hinzunehmen. An dieser Stelle erinnert der Stoizismus doch deutlich an die Mentalität der Kölner. Immerhin klingt ein Großteil der Paragrafen des "Kölschen Grundgesetzes"[38] doch sehr stoisch:

» §1 - Et es wie et es (Es ist, wie es ist)

» §2 - Et kütt wie et kütt (Es kommt, wie es kommt)

---

[38] NetCologne GmbH: Das Kölsche Grundgesetz – 11 ungeschriebene Regeln. URL: https://www.koeln.de/koeln/das-koelsche-grundgesetz-die-11-regeln-der-domstadt_1121331.html [Stand: 12-05-2020]

- » §3 - Et hätt noch immer jot jejange (Es ist noch immer gut gegangen)

- » §4 - Wat fott es es fott (Was weg ist, ist weg)

- » §5 - Nix bliev wie et wor (Nichts bleibt, wie es war)

- » §6 - Kenne mer nit, bruche mer nit, fott domet (Kennen wir nicht, brauchen wir nicht, weg damit)

- » §7 - Wat wellste machen (Was willst du machen?)

Verblüffend, oder? Womöglich hat das Römische Reich auf deutschem Boden in Form einiger stoischer Resttugenden in Colonia Claudia Ara Agrippinensium – sprich Köln – bis heute überdauert. Heute soll es aber nicht um deutsche Regionalgeschichte gehen, sondern darum, wie du die negative Visualisierung für dich einsetzen kannst.

Übung: Positives durch negative Visualisierung

Dass wir uns ausgerechnet in der heutigen Challenge mit dem Thema negative Visualisierung beschäftigen, ist kein Zufall. Bereits gestern hast du dich mit der für die meisten Menschen größten aller Katastrophen beschäftigt – dem Tod. Im Vergleich zu allen anderen denkbaren Szenarien, die du im Rahmen dieser Challenge durchdenken wirst, ist das bereits die höchste Stufe der negativen Visualisierung.

Das hilft dir dabei, die vielen Hindernisse des Lebens entsprechend ihrer rationalen Bedeutung einzuordnen und gelassen darauf zu reagieren. Heute ist es deine Aufgabe, verschiedene negative Situationen zu durchdenken. Hierbei gibt es mehrere Stufen, auf denen du die Technik anwenden kannst. Allen voran die schlimmsten Situationen, die du dir in deinem Leben vorstellen kannst. Angefangen vom Verlust eines Beines über den Tod eines geliebten Menschen bis hin zum Verlust von Hab und Gut durch eine Flutkatastrophe.

Auf der zweiten Ebene befinden sich vergleichsweise alltägliche Situationen, die häufig für große Ängste und irrationale Reaktionen verantwortlich sind. So etwa der Verlust des Arbeitsplatzes, ein Date mit einer netten Bekanntschaft, die Halbierung des Aktiendepots oder der potenzielle Schritt in die Selbstständigkeit. Nimm dir einige Situationen vor und stelle dir den schlechtmöglichsten Ausgang vor. Wichtig: Auch mögliche Lösungen und Handlungen, die du im Sinne der Stoa ergreifen kannst, gehören dazu. Erledige diese Aufgabe schriftlich und durchlebe jede Situation so detailliert wie möglich. Du kannst den folgenden Fragenkatalog als Leitlinie benutzen:

» Wo könnten in dieser Situation Probleme und Hindernisse auftreten?

» Was genau könnte in der konkreten Situation schiefgehen?

» Über welche dieser Faktoren habe ich vollständige, teilweise oder gar keine Kontrolle?

» Für was bin ich trotz der gegebenen Umstände dankbar?

» Was hat sich trotz der Katastrophe nicht geändert?

» Welche Maßnahmen kann ich ergreifen, um mich auf diese Situation vorzubereiten?

» Wie kann ich in der akuten Situation handeln?

» Was kann ich der Katastrophe Positives abgewinnen?

Arbeite so viele Situationen aus, wie du möchtest. Gerne kannst du diese Übung auch zu einem wöchentlichen Ritual machen oder sie immer dann einsetzen, wenn eine für dich schwierige Situation ansteht. Unter dem Strich hast du irgendwann eine Schublade voller Notfallpläne. Damit bist du im "Katastrophenfall" nicht nur abgehärtet, sondern weißt auch gleich, wie du handeln solltest.

Beispiel: Du verlierst bei einem Unfall deine rechte Hand

"Ich könnte bei einem Arbeitsunfall mit der Kreissäge meine rechte Hand verlieren, da ich nicht konzentriert bin, die Maschine eine Fehlfunktion hat oder ein Kollege unaufmerksam ist. Ich kann darauf achten, geeignete Schnittschutzkleidung zu tragen, voll konzentriert zu sein und die Maschine auf ihre korrekte Funktionstüchtigkeit zu überprüfen.

Ich bin vollständig Herr über meine Konzentration. Ich habe eine partielle Kontrolle darüber, ob die Maschine korrekt

funktioniert und ob die Kleidung mich zuverlässig schützt –
eine vollständige Kontrolle habe ich nicht. Über die Handlung meines Kollegen habe ich gar keine Kontrolle. Ohne
rechte Hand kann ich meinen Beruf nicht mehr ausüben. Ich
verliere meine aktuelle Existenzgrundlage. Da meine Rechte
die dominante Hand ist, wird mein tägliches Leben er-
schwert, da ich viele Dinge nur noch schlecht (z. B. schreiben) oder gar nicht mehr (z. B. normal mit dem Auto fahren)
kann.

Ich bin dankbar dafür, dass ich nur die Hand verloren habe.
Ich hätte auch den ganzen Arm verlieren oder sogar verblu-
ten können. Ich bin dankbar für die Unterstützung meiner
Familie und unser Gesundheitssystem, das mich nicht fal-
lenlässt. Ich bin dankbar für meinen gesunden Geist und die
vielen schönen Dinge, die ich auch mit einer Hand noch erleben darf. Denn an der Freiheit meines Geistes hat sich
nichts verändert.

In der akuten Situation vertraue ich auf das Know-how der
modernen Medizin und lasse mir eine funktionale Handpro-
these anfertigen – sofern das möglich ist. Ich lerne, mit der
linken Hand zu schreiben. Meine Mobilität mit dem Auto
kann ich mir zurückholen, indem ich mein Fahrzeug umrüs-
ten lasse. Da ich meinen alten Beruf nicht mehr ausüben
kann, wage ich einen Neuanfang in einem anderen Beruf,
anstatt negativen Emotionen Raum zu lassen. Durch die vielen Herausforderungen lerne ich viel Neues und wachse in
meiner Persönlichkeit."

Warum du diese Übung durchführen solltest

Die Stoiker sind keine Berufspessimisten gewesen – und sind es bis heute nicht. Diese Übung dient jedoch dazu, dass du im Sturm des Lebens stets auf Kurs bleibst und nicht von Deck fällst, auch wenn dich eine Böe frontal erwischt. Da du dich bereits mental abgehärtet hast, kommen dir viele Stürme in Zukunft wie ein laues Lüftchen vor.

Deine mentale Stärke hat dich mit einem Tau an den Mast des Bootes deines Lebens gebunden, sodass du gar nicht über Bord gehen kannst. Ferner führt dir diese Technik bewusst vor Augen, wie schnell dir etwas, was du für völlig selbstverständlich hältst, genommen werden kann. So entwickelst du selbst Freude an scheinbar trivialen Dingen und Beschäftigungen. Das Ergebnis sind mehr Ausgeglichenheit, Ruhe und eine höhere Wertschätzung für die kleinen Dinge und das Leben an sich.

Challenge 24

Bereite dich auf Begegnungen mit schwierigen Menschen vor

"Man muss sich beizeiten sagen: ich werde einem vorwitzigen, einem undankbaren, einem schmähsüchtigen, einem verschlagenen oder neidischen
oder unverträglichen Menschen begegnen. Denn solche Eigenschaften liegen jedem nahe, der die wahren Güter und die wahren Übel nicht kennt. Habe ich aber eingesehen, einmal, dass nur die Tugend ein Gut und nur das Laster ein Übel, und dann, dass der, der Böses tut, mir verwandt ist, nicht sowohl nach Blut und Abstammung, als in der Gesinnung und in dem, was der Mensch von den Göttern hat, so kann ich weder von jemand unter ihnen Schaden leiden - denn ich lasse mich nicht verführen - noch kann ich dem, der mir

verwandt ist, zürnen oder mich feindlich von
ihm abwenden, da wir ja dazu geboren sind,
uns
gegenseitig zu unterstützen, wie die Füße, die
Hände, die Augenlider, die Reihen der oberen
und unteren Zähne einander dienen. Also ist
es gegen die Natur, einander feindlich zu leben.
Und das tut doch, wer auf jemand zürnt oder
ihm entgegenwirkt."

Marc Aurel, Selbstbetrachtungen
1. Buch, Vers 18

Auch wenn die meisten Zeitgenossen wohl noch nie etwas vom Konzept des Stoizismus gehört haben dürften, ist die sinnbildliche stoische Ruhe noch heute in unserem Sprachgebrauch verankert. Ohne allzu negativ wirken zu wollen, ist genau diese innere Ruhe die wichtigste Eigenschaft, wenn es um den Umgang mit Menschen geht. Marc Aurel macht uns klar, dass Menschen sind, wie sie sind: unterschiedlich. Und dabei durchaus auch gemein, hinterhältig, egoistisch, gerissen oder eifersüchtig.

Für diesen Umstand sollten wir eine tiefere Akzeptanz entwickeln und nicht in ein rosarotes Wunschdenken verfallen, dass wir uns alle auf einer Wellenlänge die Hände reichen und im Reigen eine flotte Sohle aufs Parkett legen. Das Bewusstsein, jeden Tag schwierige Charaktere zu treffen und das zu akzeptieren, hilft uns dabei, mit solchen Zeitgenossen umzugehen. Es hilft uns auf eine Provokation nicht über zu reagieren, zu lange darüber nachzudenken oder Dinge zu sagen bzw. zu tun, die uns später leidtun.

Wenngleich wir selbst danach streben, ruhig, gelassen, beherzt und gerecht zu sein. Warum sollten wir es dann stoisch hinnehmen, wenn unser Arbeitskollege ein Egoist, eine Kollegin eifersüchtig, ein Kunde unverschämt ist oder ein Politiker hinter seinen populistischen Forderungen nur Machtbesessenheit verbirgt? Ganz einfach: Es liegt nicht unter deiner vollständigen Kontrolle – noch nicht einmal unter partieller Kontrolle. Die einzigen Dinge, die wir kontrollieren können, sind unsere Gedanken, Urteile und Entscheidungen.

Also, wie sollten wir im Alltag auf schwierige Menschen reagieren? Um mit der nötigen Gelassenheit an diese Aufgabe heranzugehen, müssen wir hinterfragen, warum Menschen so handeln, wie sie handeln, auch wenn das Verhalten nach den Prinzipien der Stoa unter die Definition von "Böse" und in modern-gesellschaftlichen Maßstäben in die Kategorie "Falsch" einzuordnen wäre. Dazu schreibt Epiktet in Anlehnung an Sokrates:

"Wenn jemand schlecht an dir handelt oder schlecht über dich redet, denke daran, dass er dies tut oder sagt, weil er glaubt, er müsse es tun. Er kann also unmöglich deiner Sicht der Dinge folgen, sondern nur der eigenen. Deshalb bat er den Schaden, wenn er die Dinge falsch sieht, denn er ist es, der sich im Irrtum befindet. Denn auch wenn jemand eine logische Verknüpfung von Urteilen für falsch hält, so schadet das der Verknüpfung nicht, sondern nur dem, der sich geirrt hat. Gehst du von dieser Einsicht aus, wirst du deinem Beleidiger gelassen begegnen. Sag dir nämlich jedes Mal: »Es schien ihm eben richtig so.«" Epiktet, Handbüchlein der Moral, 42

Kein Mensch handelt der Überzeugung der Stoiker nach absichtlich falsch. Ein Mensch handelt so, wie es aus seiner Perspektive richtig erscheint. Unabhängig davon, wie sich andere Personen dir gegenüber verhalten: Es macht wenig Sinn, diesen Menschen Vorwürfe zu machen, sich über deren Verhalten zu ärgern oder sie aus diesem Grund ebenfalls mit Geringschätzung zu behandeln. Vielmehr müssen wir eine gewisse Portion Verständnis aufbringen und mit gutem Beispiel vorangehen.

Das birgt für dich nicht nur die Chance nach charakterlichem Wachstum, sondern ist auch die Wurzel des wohl größten Erfolgskonzepts der Menschheitsgeschichte: der Kooperation. Auch dies spricht Marc Aurel eingangs bereits an. Wie aber können wir uns auf solche Begegnungen mit schwierigen Charakteren vorbereiten und unsere Gelassenheit trainieren?

Übung: Du wirst ätzende Menschen treffen, aber...

Marc Aurel war ein großer Freund von Morgenroutinen. Und auch er hatte in seiner Funktion als Kaiser der Weltmacht Rom jeden Tag aufs Neue mit allerhand schwierigen Charakteren zu tun. Auch er wird sich dabei auf die Konfrontation vorbereitet und sich Strategien zurechtgelegt haben. Genau das ist deine Aufgabe für heute bzw. für morgen früh. Schreibe in ein paar kurzen Zeilen ein Konzept auf, wie du mit schwierigen Menschen umgehen möchtest, und lies es dir mehrfach durch. Hast du keinen speziellen Menschen im Kopf, kannst du dein Konzept allgemein formulieren.

Gibt es in deinem täglichen Umgang dagegen einen "Härtefall" wie einen Arbeitskollegen oder Vorgesetzten, ist es sinnvoll diese Fingerübung in einem ersten Schritt allgemein durchzuführen und in einem zweiten Schritt auf die betreffende Person umzumünzen. Lies dir zuvor als Inspirationsquelle sowohl das Zitat von Marc Aurel als auch das Zitat von Epiktet durch. Achte dabei darauf, dass dein "Concept to deal with difficult characters" einige Dinge beinhaltet:

» Rufe dir mehrfach ins Bewusstsein, dass du definitiv schwierige Charaktere treffen wirst und du nichts dagegen unternehmen kannst.

» Denke an Sokrates: Kein Mensch handelt willentlich falsch! Also versuche, einen Perspektivwechsel vorzunehmen.

» Wenn du über eine bestimmte Person schreibst, versuche herauszuarbeiten, warum das an den Tag gelegte Verhalten für diese Person richtig erscheint.

» Erinnere dich daran, was nach der Dichotomie bzw. Trichotomie der Kontrolle unter deiner vollständigen Kontrolle steht und was nicht.

» Konzentriere dich bei deinen Lösungsansätzen allein auf Faktoren, die allein unter deiner Kontrolle stehen und dich wachsen lassen.

» Benenne einige Gründe, warum es besser ist, auch mit schwierigen Menschen zusammenzuarbeiten, als in einen Vermeidungsreflex zu verfallen.

Du kannst diese Aufgabe beliebig oft durchführen. Die Praxis zeigt, dass es hilfreich sein kann, wenn du für unterschiedliche Konfrontationssituationen eigene Konzepte erstellst und sie dir morgens einmal durchliest. Sei es nun der Umgang mit unverschämten Kunden, die Begegnung mit der eifersüchtigen Arbeitskollegin oder die Konfrontation mit dem gemeinen Chef.

Warum du diese Übung durchführen solltest

Diese Übung ist so etwas wie ein Brückenschlag zwischen der geistigen Kontrolle und den draus resultierenden Handlungen. Sie hilft dir dabei, in täglichen Konfrontationssituationen nicht im Affekt zu handeln oder dir Gemeinheiten anderer Menschen zu sehr zu Herzen zu nehmen. Durch das tiefergehende Verständnis und deine Strategiekonzepte bist du dazu in der Lage, dich in Selbstbeherrschung, Geduld und Freundlichkeit zu üben. Einerseits, um selbst daran zu wachsen, und andererseits, um anderen mit gutem Beispiel voranzugehen. Ziel ist es, unsere Emotionen herunter zu kühlen und durchdacht zu handeln.

Challenge 25

Achte darauf, mit welchen Menschen du dich umgibst

"Einladungen zu Gastmählern bei dir Wesensfremden und in Philosophie Ahnungslosen schlage aus. Ist deine Teilnahme aber einmal unvermeidlich, so gib angestrengt darauf acht, dass du nicht ihre Unbildung annimmst. Denn merke dir: Wenn der Freund ein Schmutzfink ist, so wird· sich auch der, der mit ihm engen Kontakt hat, unweigerlich beschmutzen, auch wenn er selbst vielleicht sauber ist."

Epiktet, Handbüchlein der Moral, 33

In der letzten Challenge haben wir uns bereits damit beschäftigt, wie du besser mit schwierigen Menschen umgehen kannst. Das ist auch dringend notwendig, denn wie Epiktet schreibt, kannst du ihre Gegenwart nicht immer vermeiden. Wir können uns schließlich nicht immer aussuchen, mit wem wir Zeit verbringen müssen. Häufig können wir jedoch entscheiden, mit wem wir unsere Zeit verbringen und mit wem nicht. Und hier liegt das Problem, das bereits die alten Stoiker erkannten.

Kurz gesagt: Das Verhalten anderer Menschen färbt auf uns ab und beeinträchtigt unser Denken und Handeln. Vielleicht hast du schon einmal etwas von dem US-amerikanischen Unternehmer und Motivations-Coach Emanuel James "Jim" Rohn gehört, der das folgende Zitat prägte: "Du bist der Durchschnitt der fünf Menschen, mit denen Du Deine meiste Zeit verbringst." Das, was Jim Rohn und Epiktet jeweils in unterschiedlichen Worten ihrer Zeit schildern, hast du mit Sicherheit bereits an dir selbst erlebt.

Eigentlich bist du höflich, zurückhaltend und trinkst wenig Alkohol. Wenn du früher aber mit einigen Freunden unterwegs warst, die ein wenig anders gestrickt waren, hast du dich diesem Verhalten zumindest ein Stück weit angepasst. Oder du hasst es eigentlich, wenn Menschen lästern und schlecht übereinander reden. Bist du aber gemeinsam mit deinen Freundinnen unterwegs, deren zweiter Vorname "Gossip Girl" sein könnte, übst auch du dich im Lästern, bereust es aber später.
Die Stoiker mahnen uns daher, die Menschen, mit denen wir uns freiwillig umgeben, mit Bedacht zu wählen, da deren Handlungen und Geisteshaltungen auf uns abfärben. Ganz im Gegenteil raten sie uns dazu, uns nach Möglichkeit mit

Menschen zu umgeben, an denen wir selbst wachsen können. Trotzdem ist es in der Praxis meistens so, dass wir einen Großteil unserer Zeit mit Freunden verbringen, die wir schon seit einer Ewigkeit kennen oder Bekannten von der Arbeit.

Das muss nicht schlecht sein. Vor dem Hintergrund, dass du der Durchschnitt der fünf Personen bist, mit denen du die meiste Zeit verbringst, ist aber die Wahrscheinlichkeit hoch, dass es mindestens drei dieser fünf Personen sind, die du nach deinen Maßstäben nicht selbst auswählen würdest. Dafür gibt es drei grundlegende Ursachen:

1. Die Macht der Gewohnheit.

2. Das Wohlfühlen in vertrauter Gesellschaft.

3. Die Angst davor, etwas Neues zu wagen.

Wie also solltest du handeln, um dein Ziel zu erreichen, mehr Zeit mit tugendhaften Menschen zu verbringen, an denen du wachsen kannst? In seinem Buch "Das kleine Handbuch des Stoizismus" macht Jonas Salzgeber dazu einige Vorschläge:[39]

» Du motivierst deine Freunde dazu, selbst etwas zu ändern. Zumindest der Versuch, andere Menschen zu inspirieren, liegt schließlich im Bereich deiner Kontrolle. Das Ergebnis nicht.

---

[39] Salzgeber, Jonas (2020): Das Kleine Handbuch des Stoizismus - Zeitlose Betrachtungen, um Stärke, Selbstvertrauen und Ruhe zu erlangen, 3. Aufl., München: Finanzbuch

» Findet keine Änderung statt oder passen die betreffenden Personen nicht zu deinen Vorstellungen eines glücklichen und tugendhaften Lebens, dann verbringe weniger Zeit mit ihnen.

Treffend fasst der Autor ferner zusammen: "Wenn Sie das Beste aus sich herausholen wollen, dann umgeben Sie sich mit den besten Leuten. Wenn Sie verhindern wollen, dass Sie wütend und genervt werden, verbringen Sie keine Zeit mit Menschen, die Sie wahrscheinlich wütend machen und verärgern werden."[40] Das bedeutet aber keinesfalls, dass du deine bisherigen Kontakte nicht wiedersehen oder langjährigen Freunden gar die Freundschaft aufkündigen sollst. Du musst lediglich deine Zeit, die im Stoizismus die wertvollste Ressource ist, neu verteilen.

---

[40] Salzgeber, Jonas (2020): Das Kleine Handbuch des Stoizismus - Zeitlose Betrachtungen, um Stärke, Selbstvertrauen und Ruhe zu erlangen, 3. Aufl., München: Finanzbuch, S. 287

Übung: Kreisen in der Einflusssphäre

Bevor du handeln kannst, musst du dir zunächst einen Überblick darüber verschaffen, welche Menschen den größten Einfluss haben. Das können sowohl Freunde und Familienmitglieder als auch Arbeitskollegen oder Geschäftspartner sein, mit denen du nur telefonierst. In deiner heutigen Challenge machst du genau dieses Netzwerk mithilfe eines **Sphärenmodells** sichtbar.

1. Nimm dazu ein Blatt Papier und zeichne in der Mitte einen Kreis, den du mit deinem Namen beschriftest.

2. Zeichne um diesen Kreis herum einen größeren Kreis. Beschrifte ihn mit "direkter Einflusssphäre".

3. Ausgehend von deinem Namen zeichnest du fünf Striche in die direkte Einflusssphäre. An deren Ende notierst du die Namen der fünf Personen, mit denen du die meiste Zeit verbringst. Achtung: Minderjährige Kinder sind aus dieser Betrachtung ausgenommen.

4. Nun kommt ein wichtiger Schritt: Du musst bewerten, wie sich jede dieser Beziehungen für dich anfühlt und wie sinnhaft du sie einschätzt. Hier geht es nicht um das gesellige Fachsimpeln über Fußball, sondern um die philosophische Ebene. Stelle dir dazu die folgenden Fragen und notiere deine Antworten stichpunktartig: Fühle ich mich nach einem Treffen mit dieser

Person gedanklich bereichert (z. B. Wissen, Handlungsoptionen, Anstöße zum Nachdenken)? Fühle ich mich nach einem Treffen mit dieser Person besser und bin im philosophischen Sinn gewachsen?

5. Fällt die Bewertung einer Person positiv aus, mache ein Häkchen an den Namen. Fällt sie negativ aus, kennzeichnest du den Namen mit einem Kreuz. Sind positive und negative Merkmale gleichgewichtig, zeichne einen kleinen Kreis. Sei bitte ehrlich. Lass dich nicht von Emotionen leiten, sondern halte dich an die Fragestellung aus Schritt 4.

6. Nun überlege, wie lange diese Menschen schon in der jetzigen Position sind. Je länger dies so ist, desto länger üben diese Personen auch einen großen Einfluss auf dich und deine Entwicklung aus.

Die Analyse kann dir bereits die Augen öffnen. Wenn du noch etwas mehr Zeit investieren möchtest oder allgemein sehr viele Kontakte hast, kannst du die Anzahl der Personen im inneren Zirkel auch auf 10 erhöhen. Alternativ erweiterst du das Modell um eine weitere Sphäre. Dazu fügst du zu jeder Person jeweils ebenso fünf Personen hinzu, von denen du denkst, dass sie den größten Einfluss auf diese Person haben. Verfahre wie zuvor.

Warum das Ganze? Weil die moderne Wissenschaft davon ausgeht, dass auch Personen, die deine Freunde stark prägen, einen indirekten Einfluss auf dich haben. Auf diesem Weg nimmst du sozusagen die bereits in diesem Ratgeber ange-sprochene Astronautenperspektive ein und erkennst, an welchen Stellen Handlungsbedarf besteht. Natürlich nur im Bereich deiner Einflusssphäre, über die du durch die Investition deiner Zeit die vollständige Kontrolle hast.

Warum du diese Übung durchführen solltest

Als angehender Stoiker bist du darauf bedacht, jeden Tag eine bessere Version deiner selbst zu werden. Wenn du aber einen großen Teil deiner wertvollen Lebenszeit in Gesellschaft von Menschen verbringst, die dich moralisch herunterziehen, nicht tugendhaft handeln und von starken negativen Emotionen beherrscht sind, wirst auch du dich nicht fortentwickeln können.

Mit der heutigen Challenge verschaffst du dir einen Überblick über deine wichtigsten direkten und indirekten Beziehungen sowie deren Wert für dich und dein Bestreben, stets eine bessere Version deiner selbst zu werden.

Anhand dieser Vorlage erhältst du Ansatzpunkte, welche Beziehungen du in ihrer zeitlichen Quantität reduzieren solltest, um mehr Zeit in förderliche Beziehungen zu investieren. Welche Art von Mensch du für dich selbst suchst, um deine Ziele zu erreichen, das weißt allerdings nur du selbst. Die zahlreichen bisherigen Übungen sollten dir aber bereits einige Denkansätze geliefert haben.

Challenge 26

Freundlich währt am längsten

"Wenn wir irgendetwas unterschätzen in unserem Leben - dann ist es die Wirkung der Freundlichkeit."

Marc Aurel, Selbstbetrachtungen

Um einfache Botschaften zu vermitteln, braucht es keine umschweifenden Worte. Das spiegelt sich auch am Eingangszitat wider, das aus Marc Aurels Selbstbetrachtungen stammt. Dementsprechend möchte ich auch die heutige Challenge kurz und bündig halten. Immerhin hast du dich in den vergangenen Wochen bereits mit komplexen philosophischen Ansätzen und Techniken zu deren Umsetzung auseinandergesetzt.

Der einfache Grundsatz "Sei freundlich, wann immer sich die Chance dazu bietet" ist dagegen wesentlich leichter in die Tat umzusetzen. Wenn du dein bestmögliches Selbst erreichen möchtest, ist Freundlichkeit ein unschätzbares Asset. Dir bieten sich jeden Tag so viele Chancen, um freundlich zu sein – du musst sie nur ergreifen. Und das muss nicht einmal Freundlichkeit gegenüber dem Kassierer sein, den du an der Kasse anlächelst oder dem Wildfremden, dem du einen guten Morgen wünschst.

Auch gegenüber Tieren wie Katzen und Hunden kannst du jeden Tag Freundlichkeit an den Tag legen. Eine Streicheleinheit für den Nachbarshund, ein Schälchen Wasser im Hochsommer für die Freiläuferkatze oder ein Säckchen Vogelfutter im Winter. Auch wenn Freundlichkeit so einfach umzusetzen ist und sie uns zu mehr Gelassenheit und Selbstkontrolle führt, ist sie im Alltag selten geworden. Ständig schauen wir in grimmige Gesichter und sehen Menschen über die Straßen hasten, die glauben, dass sie durch den Einsatz der Ellenbogen schneller vorankommen.

"Freundlichkeit bedeutet Stärke", pflegte Marc Aurel zu sagen. Und es stimmt. Sogar in Situationen, in denen dir jemand eine Beleidigung an den Kopf wirft oder dich ungerecht behandelt, ist an den Tag gelegte Freundlichkeit ein Zeichen von Stärke und Selbstkontrolle. Damit aber noch nicht genug. Freundlichkeit macht nicht nur diejenigen glücklich, gegenüber denen du sie an den Tag legst.

Aktuelle Studien belegen sogar neurobiologisch, dass freundlich sein uns glücklich macht, wir die Welt optimistischer sehen, selbstbewusster auftreten und mit mehr Gelassenheit an unsere täglichen Herausforderungen herangehen.[41] Es entsteht sogar so etwas wie ein positiver Rauschzustand des Glücklichseins.[42] Freundlich sein, fördert nachweislich die Ausschüttung des Neurotransmitters Serotonin, der auch als Glückshormon bekannt ist.

Ferner sinkt auch die Blutkonzentration des Stresshormons Cortisol um bis zu 23 Prozent.[43] Damit haben wir einmal wieder den beeindruckenden Beweis, dass die Stoiker durch ihre scharfe Beobachtungsgabe bereits Dinge und Handlungsweisen in ihrer Philosophie verarbeitet haben, die wir erst 2.000 Jahre später wissenschaftlich nachweisen konnten.

---

[41] Benson, Peter L.; Clary, E. Gil; Scales, Peter C. (2007): Altruism and Health – Is There a Link During Adolescence? In: Post, Stephen G. (Hrsg.): Altruism and Health – Perspectives from Empirical Research, New York: Oxford University Press, S. 97-115

[42] Luks, Allan (1988): Doing Good: Helper's High. In: Psychology Today, Vol. 22 (10)
Magen, Zipora (1996): Commitment Beyond Self and Adolescence – The Issue of Happiness. In: Social Indicators Research – An International and Interdisciplinary Journal for Quality-of-Life Measurement, Springer, Vol. 37 (3), S. 235-267

[43] McCraty, Rollin; Barrios-Choplin, Bob; Rozman, Deborah; Atkinson, Mike; Watkins, Alan D. (1998): The impact of a new emotional self-management program on stress, emotions, heart rate variability, DHEA and cortisol. In: Integrative Physiological and Behavioral Science, Vol. 33 (2), S. 151-170

Übung: Jeden Tag eine gute Tat

"Jeden Tag eine gute Tat" pflegen die Pfadfinder zu sagen. Das ist auch für dich eine gute Richtschnur. Insoweit möchte man den Pfadfindern auch nicht widersprechen. Da es sich um eine Tageschallenge handelt, wird es deine Aufgabe sein, heute (bzw. morgen) einen Freundlichkeitstag einzulegen und damit am eigenen Leib erleben, wie das "Helpers High" funktioniert.

Bei der Umsetzung bist du völlig frei, sofern deine Freundlichkeit aufrichtig und nicht geheuchelt ist. Seneca schreibt hierzu: "Wo immer es einen Menschen gibt, gibt es die Möglichkeit für eine Freundlichkeit." Dem ist nicht viel hinzuzufügen. Vielleicht helfen dir die folgenden Anregungen, wie du deinen "Freundlichkeitstag" gestalten kannst.

Beispiele:

» Lasse jemanden an der Supermarktkasse vor.

» Bezahle einfach für einen Fremden den Kaffee beim Bäcker.

» Gib einem Obdachlosen ein paar Lebensmittel deines Einkaufs ab.

» Sage jemandem Danke, der in unserer Gesellschaft viel zu wenig Wertschätzung erfährt (z. B. Müllabfuhr, Polizisten, Feuerwehrleuten, Rettungs- und Gesundheitspersonal).

» Gehe mit einem Lächeln über die Straße und lächle auch andere Menschen an.

» Halte jemandem die Tür auf.

» Verfasse einen ehrlich gemeinten (positiven) Social Media Kommentar – ein Mehrzeiler sollte es aber schon sein.

» Sprich auf einer Party Gäste an, die allein und schweigsam herumstehen und offensichtlich ein wenig scheu sind.

» Ruf einmal wieder einfach so deine Eltern oder Großeltern an.

» Mache einem guten Freund einfach so ein kleines Geschenk (z. B. ein Buch).

» Biete jemandem in Bus oder Bahn deinen Sitzplatz an.

» Bringe deinen Nachbarn ein paar der Muffins vorbei, die du zu viel gebacken hast.

» Geh mit dem Hund deines Nachbarn raus, der arbeitsbedingt wenig Zeit für das Tier hat.

» Lade jemanden spontan auf ein Essen, einen Drink oder ins Kino ein (Überraschungen machen am glücklichsten).

» Hilf dem alten Herren mit dem Rollator die Bordsteinkante hinauf.

» Unterstütze die Mutter mit Kinderwagen dabei, das Gefährt in den Bus zu hieven.

» Biete Handwerkern, Postboten, Paketzustellern und Co. etwas zum Trinken an.

» Übernimm ein Ehrenamt (z. B. Jugendarbeit, DRK, Freiwillige Feuerwehr, Tafel etc.) – Menschen, die ein Ehrenamt ausüben sind im Übrigen glücklicher.

» Überrasche deinen Partner bzw. deine Partnerin mit einer Massage.

» Schreibe einfach einmal wieder einen altmodischen Brief an eine Person, der du sagen möchtest, wie gern du sie magst.

Wichtig:

Um den Erfolg deiner Aktionen beurteilen zu können, benötigen wir eine Messgröße. Bewerte daher zuvor dein aktuelles Befinden in den Kategorien "Selbstbewusstsein", "Gelassenheit", "Optimismus" und "Glück" auf einer Skala von 1 bis 10 – wobei 1 für sehr schlecht und 10 für ausgezeichnet steht. Wiederhole deine Selbstreflexion nochmals am Ende des Tages.

Warum du diese Übung durchführen solltest

Warum du diese Übung absolvieren solltest, liegt klar auf der Hand: Freundlich sein, liegt zu 100 Prozent im Bereich deiner eigenen Kontrolle und ist daher ein hervorragendes Werkzeug, um die Kardinaltugenden der Stoa zu kräftigen. Auf dem Weg zu einem selbstbewussteren, optimistischeren, gelasseneren und glücklicheren Leben solltest du dich an die Pfadfinder-Devise "Jeden Tag eine gute Tat" halten.

So wirst du jeden Tag eine bessere Version deiner selbst. Gerade freundlich zu sein, muss regelmäßig trainiert werden, sodass es sich bei dir wie selbstverständlich einschleift. Neben den täglichen Freundlichkeiten solltest du dauerhaft einen wöchentlichen "Freundlichkeitstag" einrichten, um die Kraft deiner Handlungen in Gänze zu spüren.

Challenge 27

Betreibe praktischen Minimalismus

> "Ist es nicht wahnsinnig und völlig verrückt, so viel zu begehren, wo man doch nur so wenig haben kann?"

Seneca

Der Stoizismus lehrt uns eine grundlegende Sache: Unser Lebensglück hängt nicht von den Dingen ab, die wir besitzen oder die das Glück und der Zufall uns bescheren, denn diese Dinge sind extern und liegen nicht innerhalb unserer Gewalt. Unser Lebensglück hängt einzig und allein von den Dingen ab, die wir vollständig unter unserer Kontrolle haben. Also unseren Begierden, Gedanken, Werten, Intentionen, Urteilen und Handlungen. Alles andere betrachtet der Stoiker als indifferent.

Dennoch sind viele Menschen heute der Ansicht, dass allein das Anhäufen von Besitz das Leben glücklicher macht. Frei nach dem Motto: "Je teurer, desto besser" versuchen zahlreiche Zeitgenossen eine Erfüllung zu finden, die Besitz aufgrund seiner Eigenschaft als externer Faktor niemals bieten kann. Die Stoiker dagegen betrachten Besitz und materielle Dinge im Allgemeinen als gleichgültig und reduzieren ihn weitgehend auf seinen praktischen Nutzen. In seinem Buch "Seneca - Praktische Philosophie für Manager" zitiert Autor Roland Leonhardt Seneca wie folgt:

"Halte daher an der vernünftigen und gesunden Lebensregel fest, dass du dem Körper nur so viel zugestehst, als er zu seiner Gesunderhaltung braucht. Er ist ziemlich hart anzufassen, damit er gegen die Seele nicht unbotmäßig wird. Die Speise stille den Hunger, der Trank lösche den Durst, die Kleidung halte die Kälte fern; das Haus sei ein Schutz gegen alles, was den Leib bedroht. Ob es aus Rasenziegeln aufgebaut ist oder aus bunten Steinen fremder Länder, ist belanglos. Bedenke, ein Strohdach schützt den Menschen gleichermaßen wie ein Dach aus Gold! Verachte alles, was tändelndes Bemühen zum Schmuck, zur Zierde aufgerichtet hat."[44]

Diese Ansicht vertraten die Stoiker, da sie der Auffassung waren, dass uns der Vorrang des Materiellen davon abhält, an unserem Charakter zu arbeiten. Laut Seneca führt das Horten von Dingen dazu, dass wir sie geringschätzen. Zudem mahnt er, dass Besitz frei nach dem Motto "Eigentum

---

[44] Leonhardt, Roland (2002): Seneca – Praktische Philosophie für Manager, Wiesbaden: Gabler Verlag, S. 84

verpflichtet" mit versteckten Kosten und Belastungen einhergeht. Das ist logisch, denn je mehr Dinge wir besitzen, desto mehr Platz benötigen wir, um sie zu lagern. Einige Dinge produzieren gar laufende Kosten oder bleiben – einmal gekauft – ungenutzt liegen. Um einmal ein geläufiges Beispiel zu bemühen:

Wir lieben unsere Autos und die Freiheit, die sie gewähren. Wozu aber benötigen wir als Vorstadtbewohner ohne Kinder mit einem Arbeitsweg von unter 10 Kilometern ein Audi A6 für rund 60.000 Euro, den wir auch noch mit 5,8 % p.a. finanzieren, wenn es ein Kleinwagen für 15.000 Euro auch tun würde?

Die Stoiker pflegten einen bedürfnisgerechten Lebensstil, waren aber keine Asketen, wenngleich ihre Ansichten zum Thema Reichtum und Besitz durchaus unterschiedlich waren. Während Epiktet und Musonius Rufus ein luxuriöses Leben prinzipiell ablehnten, waren Marc Aurel und Seneca der Ansicht, dass Reichtum und Luxus durchaus mit dem minimalistischen Ansatz zu vereinbaren sind. Jedenfalls dann, wenn der Reichtum ehrenhaft erworben wurde und ehrenvoll verwendet wird.[45]

Was die Stoiker dabei wiederum eint, ist die Erkenntnis, dass alle materiellen Dinge von der Natur geliehen sind und als solche betrachtet werden sollen. Das bedeutet, dass wir dazu

---

[45] Salzgeber, Jonas (2020): Das Kleine Handbuch des Stoizismus - Zeitlose Betrachtungen, um Stärke, Selbstvertrauen und Ruhe zu erlangen, 3. Aufl., München: Finanzbuch, S. 174 ff.

bereit sind, auch unseren Besitz als Leihgabe zu akzeptieren und diesen ohne Wehklagen loszulassen.

Übung: Hausputz auf stoische Art

Wie uns Seneca lehrt, führt der Weg zur Verbesserung unseres Charakters direkt über den praktizierten Minimalismus. Genau darum geht es in der heutigen Challenge. Wohlgemerkt geht es nicht darum, dass du wie ein Asket lebst, Zahnpastatuben auskratzt und du dir durch künstlichen Verzicht dauerhaft negative Emotionen auflastest. Deine Aufgabe wird es heute sein, Dinge zu identifizieren, die nicht von Nutzen für dich sind und dich von diesen zu trennen.

Abhängig davon, wie viel Zeit du heute freischaufeln kannst, kannst du diese Übung in zwei Varianten durchführen – klein und groß. Bevor du gleich ins kalte Wasser der großen Variante springst, kannst du mit der kleinen Variante zumindest schon einmal den kleinen Zeh in den Minimalismus-Pool halten. Fertige dazu zunächst die folgende Vorlage an. Aus Platzgründen lohnt es sich, wenn du mit einem Textverarbeitungsprogramm deiner Wahl eine Vorlage im Querformat anfertigst.

1. Lege eine Tabelle mit sechs Spalten an.

2. Erste Spalte: "Dinge, von denen ich mich eventuell trennen möchte"

3. Zweite Spalte: "Habe ich diesen Gegenstand im letzten Jahr genutzt?"

4. Dritte Spalte: "War ich im letzten Jahr dankbar dafür, diesen Gegenstand zu besitzen?"

5. Vierte Spalte: "Wie viel Nutzen oder Freude bereitet mir der Gegenstand?" (1-10)

6. Fünfte Spalte: "Wie schwer fällt es mir, mich von diesem Gegenstand zu trennen?" (1-10)

7. Sechste Spalte: "Was möchte ich mit dem Gegenstand tun? (behalten, verschenken, recyceln, verkaufen)"

Für die kleine Variante betreibst du nun ein kurzes Brainstorming und trägst zehn Gegenstände in die Tabelle ein, von denen du dich möglicherweise trennen möchtest. Noch wesentlich effektiver sowohl für deinen Kopf als auch für die Ordnung in deinem Haushalt ist Variante 2. Aus der Praxis weiß ich allerdings genau, dass du dir abhängig von deiner Haushaltsgröße einen ganzen Nachmittag – wenn nicht gar einen ganzen Tag – dafür Zeit nehmen solltest.

Es geht nämlich um nichts weiter, als dass du deine gesamte Habe systematisch nach diesem Schema klassifizierst und dich so überflüssiger Dinge, die keinen Nutzen für dich haben, entledigst. Und nein, Socken und Dinge, die in ähnliche Kategorien fallen, gehören nicht auf deine Liste. Nachdem du dich für eine Variante entschieden hast, führst du die folgenden Schritte aus:

1. Trage den Gegenstand ein und fülle die jeweiligen
   Spalten bis zur Spalte fünf aus.

2. Bei allen Gegenständen, bei denen du in Spalte zwei
   und/oder drei "nein" eingetragen hast, schaust du
   dir nun Spalte vier und fünf an. Hast du dagegen "ja"
   eingetragen, schreibst du in Spalte sechs "behalten".

3. Liegen die Punktwerte in Spalte vier und fünf jeweils
   bei 6 oder mehr, trägst du in Spalte sieben "behalten" ein. Liegen die Punktwerte unter 6, markierst du
   diese Gegenstände in der Tabelle farbig.

4. Entscheide nun, was du mit den farbig markierten
   Gegenständen tun möchtest. Willst du sie recyceln
   und ihnen in einer anderen Form ein neues Leben in
   deinem Besitz schenken? Möchtest du den Gegenstand an jemanden verschenken bzw. spenden, der
   ihn besser gebrauchen kann? Soll der Gegenstand
   auf den Müll oder möchtest du den Gegenstand verkaufen?

Tipp:

*Gerade bei hochwertigen Gegenständen ist der Verkauf rati-
onal sicherlich die cleverste Lösung. Ich möchte aus Sicht der
Tugendhaftigkeit des Stoizismus jedoch dazu raten, einen
Teil des Erlöses frei nach Seneca "ehrenhaft zu verwenden" –
sprich, an eine Organisation oder Person deiner Wahl zu
spenden.*

Warum du diese Übung durchführen solltest

Gerade die große Variante des praktischen Minimalismus-Experiments ist nicht nur aus Sicht der charakterlichen Weiterentwicklung durchführenswert. Auch rein pragmatisch macht eine solche Aktion Sinn. Welche Motivation könnte besser sein, um endlich einmal die Wohnung bzw. das Haus von all dem angesammelten Kram zu befreien?
Du wirst erstaunt sein, dass du all die Dinge, die du über das Listenschema aussortierst, zu keinem Zeitpunkt vermissen wirst. Warum also diesen Ballast ertragen? Ob die alten Stoiker diese Übung in dieser Weise durchführten, darf bezweifelt werden, dennoch ist der Gedanke der gleiche. Du beweist dir selbst, dass dein Glück nicht von der Menge der Dinge abhängt, die du besitzt.

Diese Erkenntnis kannst du in Zukunft für dich mitnehmen und beispielsweise bei Konsumentscheidungen in Form der folgenden Fragen einfließen lassen: "Brauche ich das wirklich?"; "Erfüllt es meine Bedürfnisse?"; "Reicht dieser Gegenstand (z. B. Auto) nicht auch in einer Nummer kleiner?"

Challenge 28

Philosophenkrieger, halte deine Waffen griffbereit

"Wie die Ärzte zu raschen Heilungen stets ihre Instrumente und Eisen zur Hand haben, so musst du berufs der Erkenntnis göttlicher und menschlicher Dinge die Lehren der Philosophie in steter Bereitschaft halten, damit du in allem, auch im Kleinsten, immer so handelst wie einer, der sich des Zusammenhangs beider bewusst ist. Denn Menschliches lässt sich ebenso wenig richtig behandeln ohne Beziehung auf Göttliches als umgekehrt."

Marc Aurel, Selbstbetrachtungen, 3.13

Die "Waffen" griffbereit halten. Das hört sich doch so gar nicht nach dem auf innere Ruhe und Selbstbeherrschung ausgelegten Stoizismus an. Oberflächlich ist das korrekt. Allerdings geht es in der heutigen Challenge entsprechend der Bedeutung des Eingangszitates von Marc Aurel um Waffen, die schärfer sind als das Schwert: Die Grundprinzipien des Stoizismus. Du hast diese bereits aus unterschiedlichen Blickwinkeln kennengelernt und viele Techniken an die Hand bekommen, die du im Alltag einsetzen kannst.

Genau dieser wirre Alltag ist es jedoch auch, der uns unerwartet in Situationen bringt, in denen wir unser stoisches Handwerkszeug brauchen, um ruhig, gelassen und selbstbeherrscht zu bleiben oder um unsere Emotionen unter Kontrolle zu halten. Ebenso wenig wie der Soldat in einem Hinterhalt erst einmal im 1.000-seitigen Feldhandbuch nachschlägt, kannst auch du im Alltag nicht erst die gesammelten Werke des Seneca durchblättern.

Was du brauchst, sind einige scharf formulierte Gedanken und prägnante Aussagen, die dich in der Spur halten und positive Überzeugungen wecken. Trotz ihrer ungemeinen philosophischen Fähigkeiten oder gerade deswegen nutzten schon die alten Stoiker angefangen von Zenon von Kition bis Chrysippos sogenannte Aphorismen. Kerngedanke dieser Sinnsprüche ist eine hohe faktische Verdichtung in einer einprägsamen Verpackung.

Durch ihre Prägnanz erleichtern Aphorismen es dem Geist, die Prinzipien der Stoa jederzeit verfügbar zu halten wie ein Spartaner seinen Schild. "Bei der Anwendung unserer Grundsätze aufs Leben gilt es mehr dem Ringer, als dem Fechter ähnlich zu sein. Der nämlich ist verloren, sobald ihm das Schwert abhandenkommt. Jenem aber steht die Faust immer zu Gebot; er braucht sie eben nur zu ballen." So schreibt Marc Aurel über die stoischen Aphorismen.

Das verdeutlicht, dass die Stoiker keine Theoretiker waren, sondern viel Wert auf den Praxiseinsatz ihrer Lehren legten. Schließlich lassen sich Fortschritte in der Arbeit am eigenen Charakter nur dann erzielen, wenn Wissen regelmäßig in der Praxis zum Einsatz kommt. Wir suchen also nach stoischen Äquivalenten zu bekannten modernen Aphorismen wie:

- » "Fortschritt ist das Werk der Unzufriedenen" (Jean-Paul Sartre)

- » "Im Leben fängt man dann und wann wieder mal von vorne an" (Wilhelm Busch)

- » "Wer aufhört, Fehler zu machen, lernt nichts mehr dazu" (Theodor Fontane)

- » "Suche nicht immer ein Hindernis – es gibt vielleicht keins" (Franz Kafka)

Übung: Schärfe deine Waffensammlung

Deine heutige Aufgabe besteht darin, deine "Waffensammlung" für den hektischen Alltag zusammenzustellen. Suche dir aus dem reichhaltigen Fundus der stoischen Aphorismen diejenigen heraus, die dich daran erinnern, wie du dich verhalten möchtest, für was du stehst und was dir am wichtigsten ist. Welche Aphorismen du wählst, und aus wessen Feder sie stammen, bleibt ganz dir überlassen.

Wichtig ist nur, dass du sie dir gut merken kannst und sie auf dich eine stark inspirierende Wirkung haben. Gerne kannst du die Original-Zitate von Epiktet, Marc Aurel, Seneca und Co. sprachlich in eine modernere Form bringen, sie verkürzen, umschreiben oder ergänzen. Auch völlige Neuschöpfungen durch Eigenkreationen sind möglich. Nimm dir eine Weile Zeit und fertige zehn solcher Aphorismen an und schärfe sie dir ein, damit du stets genügend Pfeile im Köcher hast.

Beispiel:

» "Der Weg zum Glück besteht darin, sich um nichts zu sorgen, was sich unserem Einfluss entzieht." (Epiktet)

» "Weise ist der Mensch, der Dingen nicht nachtrauert, die er nicht besitzt, sondern sich der Dinge erfreut, die er hat." (Epiktet)

» "Denke lieber an das, was du hast als an das, was dir fehlt." (Marc Aurel)

» "Man muss mit seinen Gedanken nur bei dem sein, was gerade jetzt zu tun ist." (Marc Aurel)

» "Nichts bringt uns mehr vom Weg zum Glück ab, als dass wir uns nach dem Gerede der Leute richten, statt nach unseren Überzeugungen." (Seneca)

» "Die Mode ist eine charmante Tyrannei von kurzer Dauer." (Zenon von Kition)

Warum du diese Übung durchführen solltest

Als mittlerweile fortgeschrittener Stoiker ist es an der Zeit, dass du deine Fähigkeiten spontan in der freien Wildbahn einsetzt. Und das ohne, dass du dich dabei an einem Tag nur mit einer Übung oder einem Prinzip beschäftigst. Die Verkürzung gleich mehrerer Grundsätze auf kurze Aphorismen hilft dir im Kampf mit dem täglichen Wahnsinn, der voller Ablenkungen und Versuchungen steckt. Betrachte deine persönlichen Aphorismen als deinen Notfallkoffer, in dem du für jede Situation die passende Lösung mit dir herumträgst.

Challenge 29

Hinterfrage jede deiner Handlungen

"Bei jeder Handlung frage dich: wie steht
es eigentlich damit? Wird es dich auch
nicht gereuen? Eine kurze Zeit nur noch,
und du bist tot und alles hat aufgehört.
Wenn aber das, was du vorhast, einem
Wesen geziemt, das Vernunft hat, auf
die Gemeinschaft angewiesen ist und
nach
denselben Gesetzen wie die Götter leben
soll, was verlangst du mehr?"

Marc Aurel, Selbstbetrachtungen 8.2

Wie alle Wesen sind auch wir Menschen von inneren Trieben gesteuert, die uns zu bestimmten Handlungen verleiten. Oft sind es die richtigen Handlungen, mindestens ebenso oft die falschen. Auch du hast sicherlich schon einmal gehandelt, ohne tiefer über das, was du tust, nachgedacht zu haben. Nehmen wir einmal deinen letzten Non-Food-Einkauf im Netz oder ganz klassisch im Geschäft. Hast du dir wirklich Gedanken darüber gemacht, warum du diesen Artikel kaufst, welchen Nutzen er dir bringt und welche Folgen der Kauf haben könnte?

Höchstwahrscheinlich nicht. Damit gehörst du zum absoluten Großteil der Menschheit. Das ist auch nicht schlimm, sondern nur natürlich, denn reizgesteuertes Handeln hat uns in der Vorzeit das Überleben gesichert. In einer immer komplexer werdenden Welt sollte sich jedoch niemand darauf verlassen und ohne vorher nachzudenken handeln. Häufig genug sind die sich daraus ergebenden Konsequenzen nicht auf den ersten Blick ersichtlich, sondern ergeben sich erst über drei oder vier Ecken.

Die Stoiker im Allgemeinen und Marc Aurel im Speziellen legten ganz bewusst großen Wert darauf, nicht aus Gewohnheit oder Intuition zu handeln. Getreu einem der großen stoischen Grundsätze "Lebe im Hier und Jetzt" analysierten sie den Moment, um ihre Optionen zu hinterfragen und letztlich vernunftgetrieben zu handeln. Durch diese Angewohnheit lernten die Stoiker mit der Zeit, immer rationale Entscheidungen zu treffen.

Ähnlich wie du bei deinen ersten Kilometern auf dem Fahrrad erst einmal darauf achten musst, nicht umzufallen, benötigen auch angehende Stoiker für das Hinterfragen ihrer Handlungen zunächst mehr Zeit für ihre Aufmerksamkeit. Als erfahrener Stoiker ist dies für dich jedoch so selbstverständlich wie der Automatismus des Fahrradfahrens. Du wirst also effizienter, sodass du deine rationalen Entscheidungen zwar schnell aber auf keinen Fall unüberlegt triffst.

Als großer Verfechter der Selbstreflexion seiner Handlungen fragte sich der Philosophenkaiser stets, was seine Handlungen bedeuten und ob er sie bereuen würde. Sein Entscheidungsmuster liegt dabei klar auf der Hand: Dinge, die er bereuen würde, tat er nicht. Grundlage seiner Überlegung waren für Marc Aurel dabei stets Handlungen, die aus seinen inneren Wünschen resultierten. Dabei behielt er als Entscheidungsmaßstab immer stoischen Tugenden wie das Maßhalten vor Augen.

Übung: Werde ich es bereuen?

Wie du dir vielleicht schon gedacht hast, besteht die heutige Aufgabe darin, dass du alle deine Handlungen hinterfragst. Ebenso wie Marc Aurel beschränkst du dich dabei auf Handlungen bzw. potenzielle Handlungen, die aus einem inneren Wunsch heraus entstehen. Ob dieses Verlangen nun klein oder groß ist, das spielt überhaupt keine Rolle, sondern ist Teil der Herausforderung.

Die Schwankungsbreite reicht dementsprechend vom einfachen "Nehme ich mir diesen verführerischen Schokoladen-Cookie?", über "Soll ich lieber an meiner Bachelorarbeit weiterschreiben oder lieber ein wenig prokrastinieren?" bis hin zu "Soll ich Aktien von BASF für 10.000 Euro kaufen?" aber auch "Unterschreibe ich meinen Mitgliedsantrag in einer Hilfsorganisation?". Gehe bei jeder deiner Entscheidungen die folgenden Schritte durch:

1. Erkenne die Entscheidungssituation.

2. Halte für einen Moment (ca. 10 Sekunden) inne und realisiere die Entscheidungssituation.

3. Frage dich frei nach Marc Aurel: "Was tue ich da gerade und warum?"

4. Erkläre dir selbst im Geiste in wenigen Worten, was du tust.

5. Frage dich dann: "Werde ich meine Handlung wahrscheinlich bereuen?"

6. Lautet die Antwort "Ja": Tu es nicht. Lautet die Antwort "Nein": Zieh deine Handlung mit aller Konsequenz durch und stehe zu deiner Entscheidung.

Das klingt einfach? In der Praxis wirst du sehen, dass das konsequente Durchhalten dieser Technik über einen ganzen Tag hinweg eine große Aufgabe ist – du triffst mehr Entscheidungen als du denkst. Darunter sowohl wichtige als auch belanglose Entscheidungen. Mit der Zeit wirst du auch in der Entscheidungsfindung besser und schneller werden.

Und das musst du auch: Während es töricht ist, Handlungen mit großer Tragweite übers Knie zu brechen, ist es ebenso nachteilig, zeitkritische Entscheidungen zu verzögern. Wenn du magst, kannst du dieses Schema für die wichtigsten Entscheidungen deines Tages auch schriftlich durchgehen, um deine Handlungen und ihre Motive im Nachhinein besser nachvollziehen zu können.

Warum du diese Übung durchführen solltest

Diese Übung wird dir dabei helfen, in deinem Alltag bessere Entscheidungen zu treffen. Entscheidungen, über die du im Nachhinein nicht mehr nachgrübeln musst. Genau das hast du ja bereits vor deiner aktiven Handlung getan, indem du jede deiner Handlungen darauf überprüft hast, ob du sie bereuen wirst. Darüber hinaus lernst du dich selbst, deine Begierden und die Motive für deine Begierden besser kennen, was ein entscheidender Schritt in der Disziplin der Selbstreflexion ist.

Challenge 30

Geh mit gutem Beispiel voran und zeige, was du gelernt hast

"Nenne dich niemals einen Philosophen und sprich unter Ungebildeten auch möglichst nicht über die philosophischen Lehrsätze, sondern handle danach.
Bei einem Gastmahl zum Beispiel sprich nicht davon, wie man essen soll, sondern iss so, wie es sich gehört."

Epiktet, Handbüchlein der Moral, 46

Nun hast du bereits 29 Tagesaufgaben hinter dir, mit denen du die Grundtugenden des Stoizismus in die Praxis umgesetzt hast. Auch wenn du noch lange nicht am Ende deines Weges angekommen bist, ist dieser Punkt – die Tageschallenge Nummer 30 – ein Meilenstein in deinem Leben als frisch gebackener Stoiker. Lebenslanges Lernen lautet einer der Grundsätze, den du bereits in Challenge 10 kennengelernt und für dich geübt hast.

Lebenslanges Lernen im Sinne der Stoa bedeutet aber auch, dass du jeden Tag daran arbeitest, eine bessere Version deiner selbst zu werden. Und das geht nur in der Praxis, indem du anderen Menschen ein gutes Beispiel bist. Was nützt es, viel zu lesen und in Facebook-Gruppen kluge Aphorismen zu posten, wenn du das Gelernte nicht in die Tat umsetzt und der Stoa neues Leben einhauchst?

Die Stoa an jedem Tag aktiv zu leben, führt dich zu einem glücklicheren, gelasseneren und erfüllteren Leben. Gleichzeitig bist auch du durch dein Handeln, nicht durch deine klugen Worte, ein Lehrmeister, an dem sich andere Menschen orientieren. Es gibt unzählige Alltagssituationen, in denen du dein erworbenes Wissen und durch die Praxis-Challenges erworbenes Können anwenden kannst.

> » Sei es nun, indem du zu anderen Menschen oder Lebewesen selbstverständlich freundlich bist.

> » Sei es, indem du dich selbst im Angesicht des Überflusses vornehm zurückhältst.

> » Oder sei es, dass du anderen durch dein Handeln vorlebst, wie man im Umgang mit anderen Menschen eine wertgeladene Sprache unterbleiben lässt.

Hebe nicht den moralischen Zeigefinger, indem du versuchst, andere aktiv mit Worten zu bekehren. Gehe schlicht mit gutem Beispiel voran, indem du im Angesicht von Aggression ruhig bleibst, die Perspektive deines Gegenübers einnimmst oder Nachsicht mit denen übst, die nicht tugendhaft handeln. Auf diese Weise definierst du ganz im Sinne der Stoiker deine Normen, nach denen du in diesem Kosmos leben möchtest.

Erwiesenermaßen brauchen Menschen Vorbilder. Erst Vorbilder führen dazu, dass sich kleine Mädchen und Jungen bei der Feuerwehr engagieren. Bedenke: Der Mensch folgt eher Taten als zu Papier gebrachten Regeln oder solchen Menschen, die nur theoretisieren. Nur Vorbilder erfüllen eine Lebensweise im wahrsten Sinne des Wortes mit Leben, das im Inneren anderer Menschen das Feuer entfacht, sich daran, wie an einem Leuchtturm zu orientieren.

Natürlich ist das nicht die primäre Absicht deines Handelns als moderner Stoiker – denn ob andere deinem Beispiel folgen, liegt nicht im Bereich deiner Kontrolle. Du selbst aber arbeitest mit dieser Vorbildhaftigkeit Tag für Tag an deinem Charakter. Dabei ist es dann ein positiver Nebeneffekt, wenn dein partieller Einfluss geltend wird und andere zu tugendhaftem Denken und Handeln motiviert.

Einen Grundsatz solltest du dir dabei besonders groß auf die Fahne schreiben: Es reicht nicht aus, nur nichts zu tun, was moralisch verwerflich ist. Häufig genug fordert die Moral Dinge, die andere nicht tun, obwohl sie sie sehen. "Oft tut auch der Unrecht, der nichts tut, nicht bloß, der etwas tut."[46]

---

[46] Marc Aurel: Selbstbetrachtungen, 9. Buch, Vers 5

So schreibt Marc Aurel in seinen Selbstbetrachtungen bereits vor knapp 2.000 Jahren und nimmt damit ein bezeichnendes Phänomen unserer modernen Gesellschaft vorweg.

Das Wegschauen, Überhören, Ignorieren und nicht Wahrhabenwollen ist tief verwurzelt. Sei es, wenn einmal wieder ein Schwächerer von armen Seelen ohne einen Funken Tugendhaftigkeit in der Bahn drangsaliert wird. Oder sei es eine Bagatelle, wie der gut sichtbar offene Hosenstall eines armen Tropfs, auf den ihn niemand hinweist und den Betroffenen damit dem unverhohlenen Gelächter aussetzt. Auch hier gilt es, dass du mit gutem Beispiel vorangehst. Handle im Sinne Marc Aurels und "tu, was getan werden muss".

Abschließend möchte ich an dieser Stelle noch einmal den Autor Jonas Salzgeber zitieren, der dazu schreibt: "Als aufstrebende Stoiker sollten wir doch lieber unseren ganzen Mut aufbringen und versuchen, die Situation im Sinne aller Beteiligten zu klären. Wenn Sie schlechten Atem haben, würden Sie nicht darüber informiert werden wollen? Wenn Sie unangenehm riechen, würden Sie dies nicht gern erfahren? Die nervige Person könnte sich vielleicht gar nicht bewusst darüber sein, dass sie andere damit (mit ihrem Verhalten […]) stört. Warum also nicht darauf hinweisen und ihr eine Chance geben, es zu ändern? Und gleichzeitig Ihnen die Möglichkeit zu geben, Ihre innere Ruhe wiederzuerlangen?"[47]

---

[47] Salzgeber, Jonas (2020): Das Kleine Handbuch des Stoizismus - Zeitlose Betrachtungen, um Stärke, Selbstvertrauen und Ruhe zu erlangen, 3. Aufl., München: Finanzbuch, S. 293

Übung: Zeige, wer du in dieser Welt sein möchtest

Nicht nur heute, sondern ab heute ist es an der Zeit, dass du dich in freier Wildbahn als angehender Stoiker bewährst. Die hinter dir liegenden Challenges haben dir einen Einblick in das gegeben, was du für dich selbst und deinen Alltag sowie für andere Menschen tun kannst. Definiere mithilfe deiner gewonnen Erkenntnisse deine Normen, und welche Rolle du in diesem Kosmos einnehmen möchtest und lebe danach – jeden Tag.

» Nutze dein morgendliches Mantra, um Kraft zu tanken.

» Halte als Philosophenkrieger für unvorhergesehene Situationen stets deine "philosophischen Waffen" bereit.

» Lerne im Alltag "Nein" zu sagen.

» Hinterfrage deine Handlungen.

» Verlasse deine Komfortzone.

» Mach dich der Vergänglichkeit der Dinge bewusst und schätze, was du hast.

» Nimm dich selbst zurück und gehe auf die Befindlichkeiten anderer Menschen ein.

Die Liste der Dinge, die du täglich in die Tat umsetzen kannst, um fortwährend an einer besseren Version deiner selbst zu arbeiten und das Gelernte zu festigen, ist unerschöpflich. Ab heute wird es deine Aufgabe sein, jeden Tag mindestens zwei Challenges zu wiederholen. Unser Leben ist dynamisch, weshalb auch die alten Stoiker ihre Übungen nicht nur einmalig absolvierten, sondern kontinuierliche Selbstreflexion lehrten.

Fokussiere dich auf deine Schwächen bzw. auf die Tugenden, an denen du am stärksten arbeiten möchtest. Gerne kannst du die geschilderten Übungen auch modifizieren oder dich von diesen zu neuen Übungen inspirieren lassen.

Warum du diese Übung durchführen solltest

Den Sinn dieser letzten Challenge möchte ich mit einem Aphorismus auf den Punkt bringen, den jeder von uns schon einmal zu hören bekommen hat: "Du lernst nicht für die Schule, sondern für das Leben." Auch dieser Spruch hat etwas Stoisches an sich und verkörpert die Intuition perfekt. Während dich die vergangenen 29 Challenges in einem umfriedeten Bereich mit klar definierter Aufgabenstellung haben üben lassen, geht es jetzt von der Schule ins wahre Leben.

Hier musst du selbst die richtigen Entscheidungen treffen, deine Normen anwenden, deine Maßstäbe anlegen und bei Zeiten das richtige Werkzeug aus der Schatzkiste des Stoizismus ziehen. Indem du in der Übung bleibst, dich stetig

eigenständig selbst reflektierst und an deinen Schwächen arbeitest, bist du auf dem besten Weg zum Stoiker des 21.
Jahrhunderts.

Ausblick

Dein Weg beginnt jetzt erst richtig

In den verstrichenen 30 Tagen hast du eine Menge über den Stoizismus gelernt und in der Praxis erprobt. Auch wenn diese Philosophie schon über 2.000 Jahre auf dem Buckel hat, hat sie, wie du es selbst erfahren hast, nichts an ihrer Aktualität verloren. Das ist der Quell ihrer Stärke, denn der Stoizismus ist keine Modephilosophie, sondern nimmt Bezug auf die Grundfesten der menschlichen Natur.

Aber Vorsicht! Nur weil du dich über 30 Tage intensiv auf den Spuren von Epiktet, Seneca und Marc Aurel bewegt hast, bedeutet das noch lange nicht, dass du am Ziel bist. Genau genommen beginnt dein Weg zur besten Version von dir selbst erst. Nutze die Übungen weiter, um Tag für Tag an dir zu arbeiten, um den Leiden des Lebens ins Gesicht zu lachen und das wahre Glück zu erreichen. Auf diesem Weg wünsche ich dir viel Erfolg und möchte dir abschließend ein Zitat von Epiktet mit an die Hand geben.

Maximilian Feldtner

"An den Vorschriften der Philosophie
halte fest wie an Gesetzen und sei überzeugt, dass du dich schwer vergehst,
wenn du sie übertrittst. Was man auch
über dich sagt - kümmere dich nicht darum; denn das entzieht sich nun deinem
Einfluss."

Epiktet

Rechtliches und Impressum

Das Werk einschließlich aller Inhalte ist urheberrechtlich geschützt. Der Nachdruck oder Reproduktion, gesamt oder auszugsweise, sowie die Einspeicherung, Verarbeitung, Vervielfältigung und Verbreitung mit Hilfe elektronischer Systeme, gesamt oder auszugsweise, ist ohne schriftliche Genehmigung des Autors untersagt. Alle Übersetzungsrechte vorbehalten.

Die Inhalte dieses Buches wurden anhand von anerkannten Quellen recherchiert und mit hoher Sorgfalt geprüft. Der Autor übernimmt dennoch keinerlei Gewähr für die Aktualität, Richtigkeit und Vollständigkeit der bereitgestellten Informationen.

Haftungsansprüche gegen den Autor, welche sich auf Schäden gesundheitlicher, materieller oder ideeler Art beziehen, die durch Nutzung oder Nichtnutzung der dargebotenen Informationen bzw. durch die Nutzung fehlerhafter und unvollständiger Informationen verursacht wurden, sind grundsätzlich ausgeschlossen, sofern seitens des Autors kein nachweislich vorsätzliches oder grob fahrlässiges Verschulden vorliegt. Dieses Buch ist kein Ersatz für medizinische oder professionelle Beratung und Betreuung.

Dieses Buch verweist auf Inhalte Dritter. Der Autor erklärt hiermit ausdrücklich, dass zum Zeitpunkt der Linksetzung keine illegalen Inhalte auf den zu verlinkenden Seiten erkennbar waren. Auf die verlinkten Inhalte hat der Autor keinen Einfluss. Deshalb distanziert der Autor sich hiermit ausdrücklich von allen Inhalten aller verlinkten Seiten, die nach der Linksetzung verändert wurden. Für illegale, fehlerhafte oder unvollständige Inhalte und insbesondere für Schäden, die aus der Nutzung oder Nichtnutzung solcherart dargebotener Informationen entstehen, haftet allein der Anbieter der Seite, auf welche verwiesen wurde, nicht aber der Autor dieses Buches.

1. Auflage
Copyright 2024 – Maximilian Feldtner
Alle Rechte vorbehalten.
Das Werk darf - auch teilweise - nur mit Genehmigung des Verlags vervielfältigt werden.

ISBN: 978-3-98935-529-3

Lucid Page Media (ein Imprint der Orbita Media GmbH)
Ericusspitze 4
20457 Hamburg
Deutschland
kontakt@lucidpagemedia.de

Coverfoto: Hzpriezz/shutterstock.com
Korrektorat: Eugenie Dsos
Formatierung: Maximilian Feldtner
Layout: individualgraphics

Quellenverzeichnis

Asimov, Isaac (1977): Von Zeit und Raum, Zürich: Schweizer Verlags-Haus

Benson, Peter L.; Clary, E. Gil; Scales, Peter C. (2007): Altruism and Health – Is There a Link During Adolescence? In: Post, Stephen G. (Hrsg.): Altruism and Health – Perspectives from Empirical Research, New York: Oxford University Press, S. 97-115

Cicero: De oratore

Cicero (1994): Rhetorica et Herennium

Covey, Stephen R. (2018): Die 7 Wege zur Effektivität: Prinzipien für persönlichen und beruflichen Erfolg, Offenbach: GABAL Verlag, S. 115 ff.

Devine, Mark (2016): Unbezwingbar wie ein Navy SEAL – Resilienz und mentale Stärke für Erfolg auf höchster Ebene, München: riva Verlag

Dobelli, Rolf (2017): Die Kunst des guten Lebens – 52 überraschende Wege zum Glück, München: Piper-Verlag

Dunbar, R. I. M. (1993): Coevolution of neocortical size, group size and language in humans. In: Behavioral and Brain Sciences, Vol. 16 (4), S. 681-694

Epiktet: Diskurse I

Epiktet: Handbüchlein der Moral

Epiktet: Lehrgespräche

Feldtner, Maximilian (2020): Stoizismus – Die Tugenden und Prinzipien der Stoa verstehen und im Alltag anwenden

Ferriss, Tim (2015): What My Morning Journal Looks Like. URL: https://tim.blog/2015/01/15/morning-pages/ [Stand: 25-04-2020]

Fischer, Lars (2014): Ängstliche Kinder haben vergrößerte Amygdala. URL: https://www.spektrum.de/news/aengstliche-kinder-haben-ver NetCologne GmbH: Das Kölsche Grundgesetz – 11 ungeschriebene Regeln. URL: https://www.koeln.de/koeln/das-koelsche-grundgesetz-die-11-regeln-der-domstadt_1121331.html [Stand: 12-05-2020]groesserte-amygdala/1295654 [18-04-2020]

Gottwein: Marcus Tullius Cicero – De orator LIBER II - deutsch übersetzt nach R. Kühner. URL: https://www.gottwein.de/Lat/CicDeOrat/de_orat02de.php [Stand: 07-05-2020]

Greene, Robert (2000): The 48 Laws of Power, Penguin Books

Holiday, Ryan; Hanselman, Stephen (2019): Der tägliche Stoiker – 366 nachdenkliche Betrachtungen über Weisheit, Beharrlichkeit und Lebensstil, 5. Aufl., München: FinanzBuch Verlag

Hossenfelder, Malte (2013): Antike Glückslehren. Quellen zur hellenistischen Ethik in deutscher Übersetzung (= Kröners Taschenausgabe. Band 424), 2. Aufl., Stuttgart: Kröner

Kross, Ethan; Park, Jiyoung; Bruehlmann-Senecal, Emma; Burson, Aleah; Dougherty, Adrienne; Shablack, Holly; Bremner, Ryan; Moser, Jason; Ayduk, Ozlem (2014): Self-Talk as a Regulatory Mechanism – How You Do It Matters. In: Journal of Personality and Social Psychology, Vol. 106 (2), S. 304-324

Krotoski. Aleks (2010): Robin Dunbar: We can only ever have 150 friends at most. URL: https://www.theguardian.com/technology/2010/mar/14/my-bright-idea-robin-dunbar [Stand: 17-04-2020]

Leonhardt, Roland (2002): Seneca – Praktische Philosophie für Manager, Wiesbaden: Gabler Verlag

Luks, Allan (1988): Doing Good: Helper's High. In: Psychology Today, Vol. 22 (10)

Magen, Zipora (1996): Commitment Beyond Self and Adolescence – The Issue of Happiness. In: Social Indicators Research – An International and Interdisciplinary Journal for Quality-of-Life Measurement, Springer, Vol. 37 (3), S. 235-267

Marc Aurel: Selbstbetrachtungen

McCraty, Rollin; Barrios-Choplin, Bob; Rozman, Deborah; Atkinson, Mike; Watkins, Alan D. (1998): The impact of a new emotional self-management program on stress, emotions, heart rate variability, DHEA and cortisol. In: Integrative Physiological and Behavioral Science, Vol. 33 (2), S. 151-170

Mueller, Pam A.; Oppenheimer, Daniel M. (2014): The Pen is Mightier than the Keyboard – Advantages of Longhand over Laptop Note Taking. In: Psychological Science, Vol. 25 (6), S. 1-10

Muraven, Mark; Shmueli, Dikla (2006): The Self-Control Costs of Fighting the Temptation to Drink. In: Journal of Psychology of Addictive Behaviors, Vol. 20 (2), S. 154-160

Neff, Kristin D.; Kirkpatrick, Kristin L.; Rude, Stephanie S. (2007): Self-Compassion and Adaptive Psychological Functioning. In: Journal of Research in Personality, Vol. 41 (1), S. 139-154

Pigliucci, Massimo; Lopez, Gregory (2019): Live Like A Stoic – 52 Exercises for Cultivating a Good Life, Ebury Publishing

Planton, Samuel; Jucla, Mélanie; Roux, Frank-Emmanuel.; Démonet, J. F. (2013): The "handwriting brain" – A meta-analysis of neuroimaging studies of motor versus orthographic processes. In: Cortex, Vol. 49 (10), S. 2772-2787

Praschl, Peter (2010): Wir müssen reden. URL: https://sz-magazin.sueddeutsche.de/gesellschaft-leben/wir-muessen-reden-77405 [Stand: 20-04-2020]

Purcell, Maud (2020): The Health Benefits of Journaling. URL: https://psychcentral.com/lib/the-health-benefits-of-journaling/ [Stand: 30-04-2020]

Salzgeber, Jonas (2020): Das Kleine Handbuch des Stoizismus - Zeitlose Betrachtungen, um Stärke, Selbstvertrauen und Ruhe zu erlangen, 3. Aufl., München: Finanzbuch

Seneca: Briefe an Lucillus

Seneca: Moralische Briefe

Seneca: Über die Kürze des Lebens

Seneca: Von der Ruhe des Gemüts

Tao, Lixin; Yang, Kun; Huang, Fangfang; Liu, Xiangtong; Li, Xia; Luo, Yanxia; Wu, Lijuan; Guo, Xiuhua (2018): Association between self-reported eating speed and metabolic syndrome in a Beijing adult population – A cross-sectional study. In: BMC Public Health, Vol. 18 (1), S. 1-9

Wulff, Leonard (2018): Amygdala-Volumenveränderung bei Depression? Entwicklung und Anwendung eines Segmentierprotokolls für hochauflösende MRT (2018). URL: http://archiv.ub.uni-marburg.de/diss/z2018/0138/pdf/dwdd.pdf [18-04-2020]

Zelano, Christina; Jiang, Heidi; Zhou, Guanyu; Arora, Nikita; Schuele, Stephan; Rosenow, Joshua; Gottfried, Jay A. (2016): Nasal Respiration Entrains Human Limbic Oscillations and Modulates Cognitive Function. In: Journal of Neuroscience, Vol: 36 (49), S. 12448-12467